KAMINOGE Nº144

Cover PHOTO:
Yosuke Komatsu

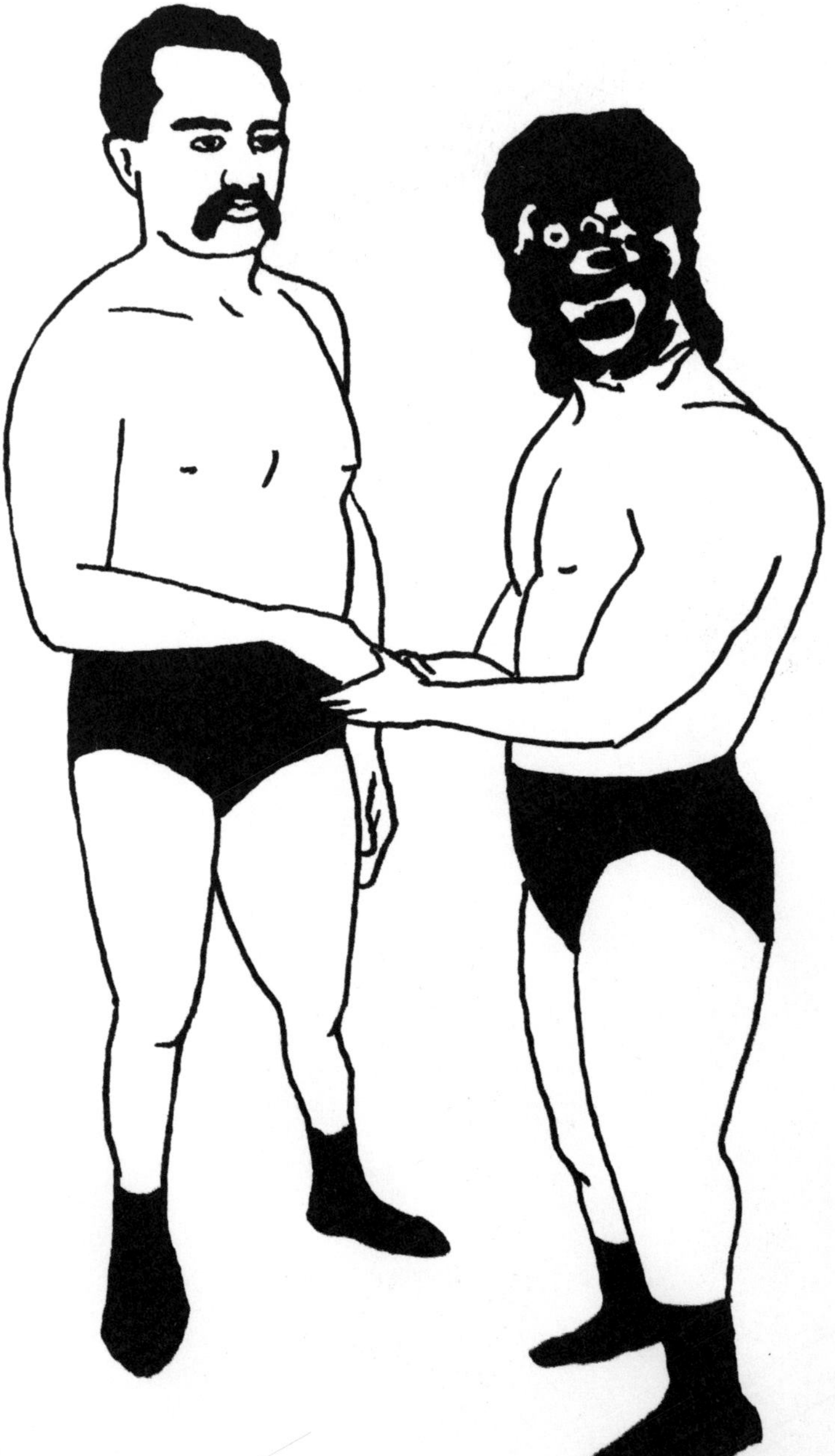

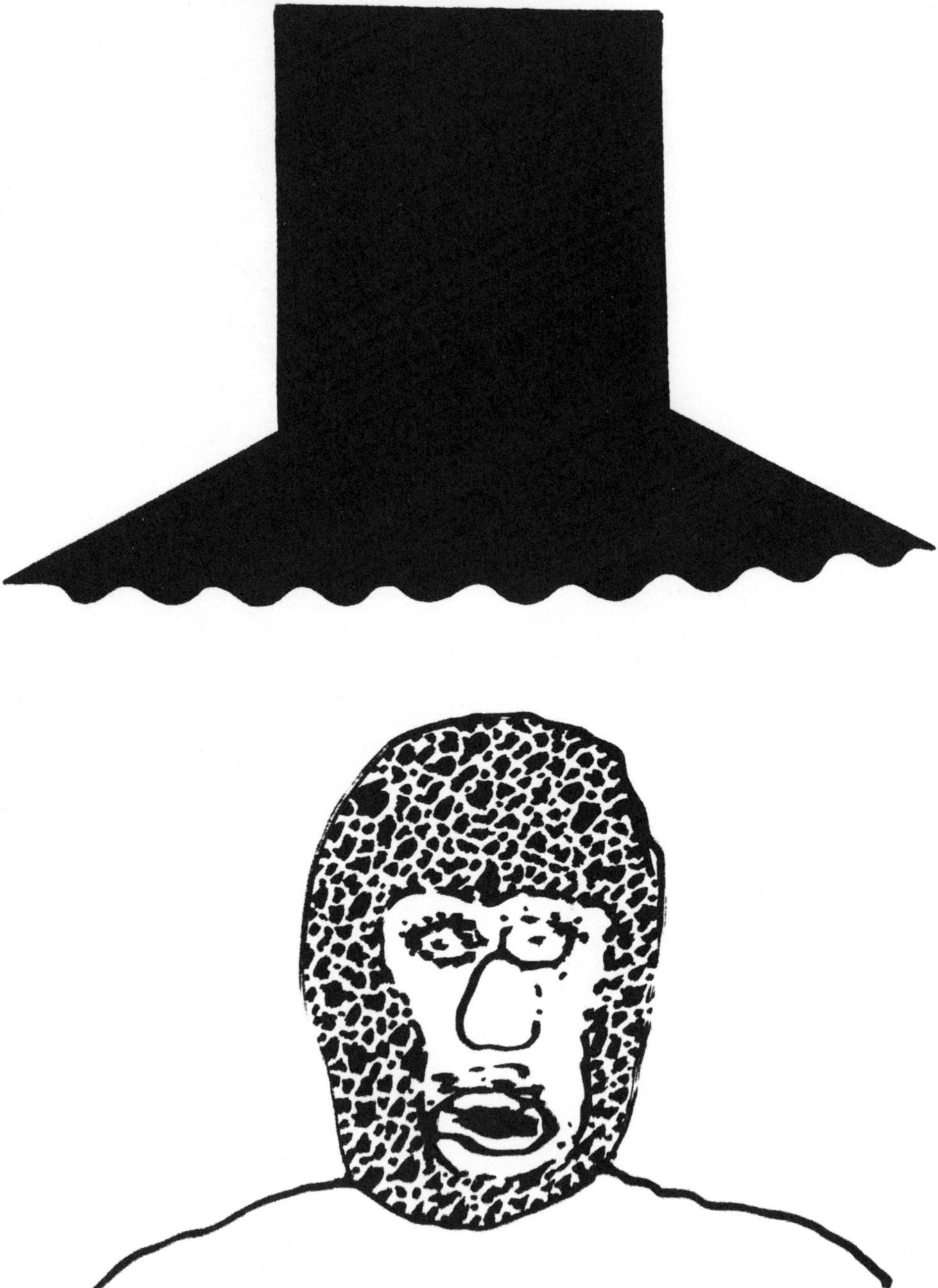

PETIT KASHIMA

俺の人生にも、一度くらい幸せなコラムがあってもいい。

VOL.143

KAMINOGE COLUMN

財津一郎をさがして

プチ鹿島

プチ鹿島（ぷち・かしま）1970年5月23日生まれ。芸人。『教養としてのアントニオ猪木』（双葉社）好評発売中です。よろしくお願いいたします。

財津一郎さんが亡くなった。テレビや新聞で訃報に接するたびに私は気になることがあった。財津さんのことを語る際に〝ピアノのCMの人〟という比重が大きすぎる気がしたのだ。

たとえば次の記事を見てみよう。

《「タケモトピアノ」のCMなどで知られる俳優の財津一郎さんが14日、慢性心不全のため死去した。89歳だった。》（朝日新聞デジタル）

たしかに財津一郎のタケモトピアノのCMはインパクトがあった。この記事ではテレビ番組の「探偵！ナイトスクープ」でも特集されて話題になったことをあげ、「あれを聞くと赤ちゃんが泣きやむらしい、ってね。関西らしくダサくて泥臭いCMがここまで広がったのは、財津さんのコメディアンとしての才能あってこそだと思います」というプロデューサーのコメントを紹介している。

日刊スポーツの記事を読むと、財津さんは「3年B組金八先生ファイナル」に出演した2011年以降は新たな仕事の依頼をほとんど断っており、「タケモトピアノ」など以前撮影したCMが長く使用されている以外は実質的な引退状態にあった、とある。なので訃報でピアノのCMを大きく取り上げることも理解もできる。でも一方で思うのだ。財津一郎のキャリアを考えると、もっと報じられていい歴史もあるのでは？と。

そう感じたのは、アントニオ猪木が亡くなったときも同じだった。猪木の訃報を伝えたスポーツ紙はすべて一面で報じていた。見出しで使用されている言葉を見ると「元気」や「1、2、3、ダー」など、元気を与えてくれるおじさんという晩年の猪木のパブリックイメージを多く取り上げていた。

そんななか東スポだけが「猪木 死す」「プロレスのために世間の目と闘い続けた62年」と見出しを打ち、全盛期の猪木の怒りの顔を載せたから私は感動したのである。スターの訃報でどの足跡や時代を扱うか、ファンにとってはとても重要なのだとあらためて思ったのである。

一方で、猪木も財津一郎も「元気ですか!」とか「ピアノ売ってチョーダイ〜」が訃報で取り上げられるのは、年老いても最後（最期）までCMやテレビを通じてインパクトのある活動をしていたという証拠でもある。スターの証明でもあるとも思いなおすこともできる。

さてここで私はまた考えた。たとえば来年、没後1年にあわせ、財津一郎という稀有な存在について誰かがドキュメンタリー映画を作ろうとしたら？　その際はどんな映画になるのだろうか。切り口はどうするのか。かなり難題だと思うのだ。たとえば財津さんのキャリアを日刊スポーツから引用しよう。

《1934年（昭9）2月22日、熊本県生まれ。53年に高校を卒業し、帝劇ミュージカルの研究生となり、オペレッタ「赤い絨毯」で初舞台。日劇ミュージカルホール、ムーラン・ルージュ、吉本新喜劇などを転々とし、66年コメディー「てなもんや三度笠」で人気に。70年には映画「喜劇・度胸一番」に初出演。85年には「野風増」で歌手デビューした。60年に元新劇女優の武山洋子と結婚。孫に俳優の財津優太郎（24）がいる。血液型O。》

いかがだろうか。間口というかテーマ候補はかなり広い。オープニングは財津一郎少年が熊本でどんな生活をしていたのか追うことになるのだろうか。うん、それがいい。問題は次だ。オールドファンの期待通りなら「てなもんや三度笠」出演の頃をじっくり描くのが王道っぽい気がする。

しかしこの時代を飛ばしていきなり「タケモトピアノ」時代の裏話に焦点を当ててきたら？　オールドファンは困惑するに違いない。さらに映画の中で「タケモトピアノ」時代の財津さんをもとに、最近のシャレた俳優が財津論を語り出したら？　そうなったらオールドファンからお叱りを受けることもあるだろう。

でも財津一郎をすべて描くことは大変な労力がいる。「てなもんや三度笠」の頃は現在53歳の私も生まれていない。私にとって財津さんのイメージは70年代末からの「金八先生」の英語教師役の印象が大きい。しかも「金八先生」シリーズは「ワールドプロレスリング」の裏番組だったのでリアルタイムで観ていない。私のような、なんとなく知ってるだけの人に向けても映画を制作するとしたらどうすればいいのか。それなら、あえて最近の財津一郎から振り返るという企画案だって出るだろう。タイトルは「財津一郎をさがして」あたりか。

やはりキャリアが長くて活躍時期が長かったスターを映画にするのは難題だ。ひとつヒントがあるとしたら、それは作り手の思い入れや熱、本当に知りたいことがあるかどうかだろう。たとえばあなたがアントニオ猪木というお題を与えられ、何かを作れ、でも知らない人にも響くものを撮れ、と言われたら何をテーマにするだろうか。切り口を狭めて一点勝負にするのもいい。

私なら「1983年6月2日・蔵前国技館」の当日や前後に何が起きたのか、それを知りたい、描きたい。そんなことをふと考えたのである。というわけで映画「財津一郎をさがして」を誰か作ってチョーダイ。

WATARU ICHINOSE

スタイリスト：皆川 bon 美絵
ヘアメイク：星野加奈子
撮影場所：Studio f-1 Seijo

シャツ ¥33,000/Cootie productions®
パンツ ¥28,600/Cootie productions®
他スタイリスト私物
Cootie Flagship Store　03-6809-0090

KAMINOGE HARDSHIP PROGRAM

俳優

一ノ瀬ワタル

「名を残すような俳優になりたい、
飼っているウサギたちをずっと幸せにもしたい。
それとできれば幸せな結婚もしたいっすけど、
いまの第一優先は猿桜の完結です。
俺の中で猿桜がもの凄い勢いで
『出せ！ やらせろ！』ってずっと叫んでるんです」

収録日：2023年11月5日
撮影：小松陽祐
聞き手：井上崇宏

苛烈なキック修行時代から
『サンクチュアリ ー聖域ー』で初主演を務めるまで。
純粋すぎる男の過激なブレイクスルーの軌跡。

「キック時代は相手を攻撃するということに凄く違和感を感じていたんですよ。俺、殴り合いが好きじゃねえぞって」

一ノ瀬　さっきの撮影はめっちゃテンション上がりましたね。格闘家みたいにカッコよく撮ってもらって嬉しかったです。

――元キックボクサーではありますからね。

一ノ瀬　いやあ、俺は格闘技ではダメな男やったっすから（笑）。格闘技の夢をあきらめて、こっち（俳優）でなんとかがんばってるだけで。

――いやいや、いまや誰もが憧れを抱く存在というか、男も女もみんなが好きな役者さんじゃないですか。

一ノ瀬　えーっ！　女の人も？（笑）。

――ボクのまわりにも「一ノ瀬ワタルがタイプ」って言う女性はけっこういて、それを聞くと「あー、わかってる人だなー」ってなりますもん。

一ノ瀬　えっ、マジっすか!?（笑）。……「一ノ瀬ワタルがタイプ」って公表してる女性がいるんすか？

――いやその、一般人ですよ（笑）。

一ノ瀬　あっ、一般人！　俺はエゴサーチしないっすから、ちょっとあの……そういう情報はどんどん教えてくださいよ（笑）。俺の身近でそんな声はまったく聞こえてこないですから！

――では今年、『サンクチュアリ ー聖域ー』で世間に竜巻が起きたことも、あまり本人には伝わっていない？

一ノ瀬　もう全然わかんないっす。俺が普段しゃべってるのはスタイリストさんとメイクさんくらいですから（笑）。だからそういう情報を教えてもらえるとうれしいっすね。

――意外と渦中の人間の生活は無風状態であると。

一ノ瀬　そうっすな。とにかくなんとかいまの仕事をやっている男で、格闘技ではダメでしたから。俺、内弟子だったんですよ。

――真樹ジムオキナワにいたんですよね。

一ノ瀬　そうです。沖縄の真樹ジムの内弟子だったんですけど、全然ダメでした。めちゃくちゃあこがれて格闘技の世界に入ったけど、格闘家って嫌なヤツもいるけどけっこういい人も多いじゃないですか。勝った者が全部を持って行って、負けた者は全部を失って絶望するのが格闘技。それが前提で試合をするわけですけど、「なんで俺はこんなに性格のいい選手を痛い目に遭わせてるんだ……」っていう違和感がずっとあったんすよね。練習は好きなんですけど、試合での殴り合いになると常にそう感じてたというか。

――でも人間が嫌がることばっかやるのが格闘技だし、それができないと勝てない。

一ノ瀬　そうなんすよ。そのときにジムの館長に「おまえ、相手がガードを固めてるところを殴ってるぞ」って言われたんです。

——えっ？

一ノ瀬　あとは「試合になると、相手が見えてるところを蹴ってる」とも言われて、「そうかも!!」って思って。

——「これから蹴るけど、ちゃんとガードしてくれよ……」っていう？（笑）。

一ノ瀬　「ほら、俺はローを蹴るぞ……俺はローを蹴るからなっ!!」みたいな（笑）。

——アハハハハ！　まったく格闘技に向いてないじゃないですか！（笑）。

一ノ瀬　向いてなかったんすよ！（笑）。いや、だから俺は全然現役やったっすけど、試合をするよりも人に教えるとかのほうが楽しかったんです。とにかく相手を攻撃するということに凄く違和感を感じて。俺は内弟子だから外出が禁止で、テレビも観ちゃいけなかったんですけど、唯一ジムに有線が流れてて。あるとき、たまたまファンモン（ファンキーモンキーベイビーズ）さんの歌が流れてきて、そのなかで「今現在やってる事が本当にやりたい事なの？」って歌詞があって。

——自分に問いかけられているような。

一ノ瀬　そうっす。その前後の歌詞は憶えてないんですけど、「本当にやりたい事なの？」って聞かれたときに「はっ！」ってなったんですよね。「いや、俺、殴り合いが好きじゃねえぞ」って思ったんです。そんななか、館長が三池崇史監督と知り合いだった縁で、たまたま映画（『クローズＺＥＲＯ Ⅱ』）に１回出てたから、「役者の世界で生きられるなら、そのほうが俺は幸せだな」って思ったんです。

「ばあちゃんが俺によく言ってたのは
『若いうちは苦労を買ってでもしろ』と。
その言葉はいまでも心の中にある感じです」

——役によっては格闘技の技術も使えるし、だけど相手を傷つけることもない。

一ノ瀬　そうっす。相手を傷つけない。それで俺は試合でいっぱいＫＯされてるんで、脳が揺れて倒れるとかの演技にはけっこう定評があったというか（笑）。

——そんな武器を持っていましたか（笑）。

一ノ瀬　「あのエキストラ、倒れ方がいいな」みたいな（笑）。「脳が揺れたらこんな感じで倒れるんだぞ」みたいなところは活きた感じがあったっすね。

——でも自分には向いていないと思いつつも、意外とキックのキャリアは長いですよね？

一ノ瀬　長いんです（笑）。

――ちょっと順を追っていきましょう。どんな子どもだったんですか？

一ノ瀬　たぶん凄く真面目な子どもだったと思うんです。少年柔道をずっとやってました

――どうして柔道を始められたんですか？

一ノ瀬　まあ、ウチが柔道一家だったっていうのもあったんすけど、俺の仲良かった友達が柔道教室に通い始めて。それでそいつと遊べなくなっってきたから、「おまえと遊びたいから俺も柔道やる」っていうのがきっかけだったっすね。それが小3、4くらいのときで、中学に行っても部活で柔道をやって。

――柔道の成績はどうだったんですか？

一ノ瀬　そんなたいしたことなかったですね。地区大会優勝とか。まあでも、地区のレベルが高かったわけでもなかったので、レベルが高い人たちの中に行くと俺はもう全然。練習はキツかったっすけど、モチベーションもそんなになくて「全国チャンピオンになったるんや！」みたいな感じではなかったです。

――一ノ瀬家はごく普通の家庭だったんですか？

一ノ瀬　いやあ、家庭環境で言えばけっこう複雑なほうっすかね。まず、5歳のときに親父が亡くなったんですよ。で、大人は母ちゃんとばあちゃんになったんですけど、俺ら子どもが3人いるから母ちゃんは稼がないといけないので、いつも仕事に行っていて、家にはほとんど帰って来なかったんですよね。だからばあちゃんに育ててもらってました。

――おばあちゃんっ子。

一ノ瀬　俺はばあちゃんは好きやったっすね。まあ、それからいろいろと複雑な感じもあって、だから親族とかがみんな言うのは「ああいう家庭環境だったから、自分の身を守らなきゃいけないと思って格闘家になったんじゃないの？」って。そうっすな～……。すみません、なんかもっといい話をしなきゃいけないっすな（笑）。

――いえいえ、ありのままでけっこうですよ。

一ノ瀬　まあ、俺はばあちゃんと家でふたりになることが多かったんで、ばあちゃんが俺によく言ってたのは「若いうちは苦労を買ってでもしろ」って。なので格闘技でも合理的な練習っていうよりも、とにかく苦労を求めていた気がするっすね。苦労を求めていればその先に成功があると思ってて、強くなるよりもしんどいことのほうを求めていた気がするかな。

――おばあちゃんの教えを信じて、自ら苦労をしたがっていた。

一ノ瀬　あの「苦労を買ってでもしろ」っていう言葉は、いまでも心の中にあるって感じっすかね。

――最初に格闘技にハマったきっかけはなんだったんですか？

一ノ瀬　鮮明に憶えてるのは、俺が中学生でK－1グランプリが盛り上がってた1997～1999年の頃っすね。ピーター・アーツさんの時代だったんですよ。あの頃の格闘家は試合ももちろんカッコよかったんすけど、俺は入場がカッコよくて好きだったんです。曲とかも。

――当時のピーター・アーツの入場曲って憶えてます？

一ノ瀬　あっ、もちろん。『パルプ・フィクション』のやつすな。

――あの曲はボクが選びました（笑）。

一ノ瀬　えーっ、マジっすか!?　あれ、バリバリにカッコいいじゃないですか！

――カッコいいから勝手に提案したんですよ。「これ、アーツにハマると思います」って（笑）。

一ノ瀬　うーわー！（笑）。俺、iTunesのプレイリストに格闘に歌で「格闘歌」っていうフォルダを作ってるんですけど、もちろんあの『パルプ・フィクション』も入ってますよ！　あれ聴くとめっちゃテンション上がるっすからね。

――やったあ！（笑）。

一ノ瀬　あの当時の格闘家の入場曲って、アンディ・フグさんの『ウィ・ウィル・ロック・ユー』とかもですけど、みんなカッコよくて。だから俺が格闘家に憧れたのは「あの花道を歩きたい」っていうのがあったかもしれないっす。映画のワンシーンを観てる感覚っていうか。でも、いまはラップとかの曲で出てくる人が多くて、ラップもカッコいいんすけど、映画のサントラっていうかエンターテインメントのBGMとして考えたら、やっぱちょっと違うじゃないですか。

「内弟子時代はテレビが観れなかったんですけど、K-1とかPRIDEがあるときだけは館長の部屋からテレビが出てきて（笑）」

――自分がいちばん高揚する曲で出てくることも重要ですけど、見る者の気持ちをかき立てることを優先してほしいっていうのはありますよね。

一ノ瀬　そうなんすよっ！「これは映画のストーリーと一緒なんや」って俺は思っちゃうすから。だから俺も入場はエンターテインメントとしてこだわってたというか、ちょっとした映画として作っていた感はありましたね。

――ちょっと自らハードルを上げましたけど、では一ノ瀬さんのキック時代のこだわりの入場について教えてもらっていいですか？（笑）。

一ノ瀬　あっ、言っていいんすか？（笑）。たとえば沖縄にトシ・キジムナーっていうチャンピオンがいたんですよ。キジムナーっていうのは沖縄にいた妖怪のことだから、その人と

対戦するときは俺は『ゲゲゲの鬼太郎』の主題歌で入場してみたり。

――そんなのでやる気が出るんですか？（笑）。

一ノ瀬　いや、俺はエンターテインメントっすから！（笑）。

――『ゲゲゲの鬼太郎』で入場して力が出ます？（笑）。

一ノ瀬　いやまあ、たしかに負けたっすけどね（笑）。

――アハハハハ！

一ノ瀬　あとは当時、映画の『リング』が流行ってたんです。で、地方興行では俺は悪役に徹してたから、貞子の格好をして「来る～、きっと来る～」って床を這って入場したりとか。

――床を這って。

一ノ瀬　そうです。でも貞子で這いつくばって入場すると、お客さんは「見えない」って言うんすよ（笑）。そういうのもあったっすな。

――あの、一ノ瀬さん。それは地方のちっちゃな興行によくいる、お調子者のイタいヤツですよ（笑）。

一ノ瀬　アッハッハッハ！　イタいヤツっすな！　そうそう、入場でちょっとイキってるヤツなんですよ（笑）。

――だいぶ想像していたのとは違いましたけど、ちゃんとセルフプロデュースしていたぞってことですね（笑）。

一ノ瀬　そうっすな。悪役に徹してたんで、通常のちゃんとした入場曲は『仁義なき戦い』のテーマにしてましたし。

――昔のお写真を見ると、ルックスもコワモテというか。

一ノ瀬　そういうエンターテインメントをやろうとしてたかもしれないっすね。

――じゃあ、格闘技にハマったきっかけは、フジテレビのゴールデンでやっていたK－1ってことですね。

一ノ瀬　そのあと大晦日に3局がそれぞれ違う興行をやったりしてたっすよね。録画できるのはどれか1個だったんで「えっと、これがこれで……」っていうのがあったっすな。

――空前の格闘技ブームでしたね。

一ノ瀬　大ブームっすね。役者が揃ってたっていうか、ヒールもいたし、ヒーローもいたし、とにかくカッコよかったっす。

――PRIDEもご覧になっていましたか？

一ノ瀬　もちろん観てました。内弟子時代はテレビが観れなかったんですけど、K－1とかPRIDEがあるときだけは館長の部屋からテレビが出てきて（笑）。

――その格闘技を自分もやろうと思ったのはなんでですか？

一ノ瀬　さっきの入場の話じゃないけど、俺は映画を観てる感覚やったと思うっすね。それで「あそこに俺も立ちたい！」っていう。それと「あの暴力に打ち勝ちたい」っていうか。

――暴力に打ち勝ちたい（笑）。

一ノ瀬　ボブ・サップさんとかの暴力に打ち勝ちたいなって。

あんなバケモンみたいなのに勝てたらなって。

——そんな強さを手に入れたかった。

一ノ瀬　それがあったっすね。「あれを倒すのは俺や！」ぐらいに思ったかも。もう映画のヒーローを思い描くような感覚で。

——それで中学を卒業してすぐにキックの道に？

一ノ瀬　いや、いちおうレスリングで高校の推薦をもらってたんですよ。

——中学で柔道をやっていた経験から、レスリングの推薦で高校に行けるんですか？

一ノ瀬　その当時はウチの地元だったら、ちゃんとそれなりに柔道をやってりゃどっかしらから推薦が来るんですよ。そこでレスリングに行くか、柔道に行くかみたいな選択があって、俺はレスリングを選んで。


「18くらいのときに仕事とキックの両立がキツくなってきて、女のコとかにも走り始めてて。『このままじゃキックの夢が終わる』って」

——高校に進学したんですね。
一ノ瀬　そうっす。高1のときに「将来はどうする？」っていう話になって「俺はK－1に行きたいです」って言ったときに、レスリング部の顧問の先生が「いや、おまえは新日に行くんだ。俺が新日に紹介してやるから安心しろ」って（笑）。
——えっ！（笑）。やっぱりレスリングだからそっち系の発想になるんですね。
一ノ瀬　そうっす。小柴健二さんっていう自衛隊出身の人だったんすけど、全国大会で優勝して、オリンピック代表を争うくらいの凄い先生で（※小柴氏は日体大4年時に全日本選手権優勝、卒業後に新日本プロレスの闘魂クラブに2年在籍し、そのあと社会人、高校非常勤講師、自衛隊と経て鳥栖工高レスリング部の監督になる）。
——その小柴先生が「おまえは新日だ」と（笑）。
一ノ瀬　それで「いや、先生、ちょっとすみません。俺はK－1に行きたいんです」って言ったら、もうバッチバチにされて（笑）。
——バッチバチに！（笑）。
一ノ瀬　「危ない！　このままじゃ俺は新日に行ってしまう！」と（笑）。
——アハハハハ！
一ノ瀬　それで慌てて東京にキックをやりに行ったっすね。
——慌てて（笑）。それで高校は中退ですか？
一ノ瀬　中退っす。
——ちなみにプロレスには全然興味なかったですか？
一ノ瀬　いや、全然ってわけじゃなくて、ケーブルテレビで昔のジャイアント馬場さんの時代の試合とかを観たりはしてたんですよ。だから学校でも「きのうのプロレス、観た？」みたいな感じではあったっすね。

――総合格闘技は頭にはなかったですか？

一ノ瀬　総合が出てきたのはそのあとなんですよ。だから思春期の頃に刺さったのは『パルプ・フィクション』で（笑）。アーツさんがチェックの帽子とシャツを着て出てきて、ハイキックでバーンって倒す。あれがカッコよかったんすよねえ。

――地元にはキックをやる環境がなかったんですか？

一ノ瀬　佐賀県にはなかったと思いますね。俺のいとこが空手の先生やったっすからK－1とかにも詳しかったんですけど、俺がやりたいのは空手じゃなかったし、「佐賀にはない。やるなら東京だ」って言われたんで東京に行ったっすね。

――そのとき、まわりからの反対はなかったんですか？

一ノ瀬　いや、めっちゃあったっす。

――ですよね。「高校を辞めて東京に行くわ」っていうのはなかなか。

一ノ瀬　「せっかく推薦で高校に入れたのになんで？」っていう反対はあったんですけど、止まらなかったっすなあ。「もうやりたくてしょうがねえ！」って感じだったっす。

――どこのジムに入るとかは決めてたんですか？

一ノ瀬　いや、東京に来ていろいろ探したんですよ。最初に高田馬場の正道会館を見に行ったんですけど、やっぱあそこも空手で、しかもあの頃って凄い人数が集まってたんです。だから門前払いみたいな感じだったというか、それでいろんなところを回ってたらAJパブリックジムにたどり着いたんで入会して。

――あっ、全日本キックの。

一ノ瀬　大久保にあったんですよ。で、なんか潰れちゃったっすよな。

――いろいろあったんですよ。一ノ瀬さん、AJパブリックジムだったんですね。

一ノ瀬　プロデビューまではしてないけど、新空手のK－2トーナメントとかに出てたっすね。俺、いまではこんなヘビー級っすけど、当時はウェルターで66、70キロとかっすからね。時代的にチームドラゴンがちょっと出てきたときくらいで、全日本キックの看板選手が大月晴明さんとかで。だからジムに入って俺の最初の壁は大月さんだったんすよね。道場生も強かったけど、手が届かない範囲ではなかったというか、でも大月さんとスパーリングをやらせてもらったときのあの壁はあったっすね。1回ガツーンとやられて。「なんだ、このボディブローは!?」って思ったっすな（笑）。

――東京で自活しないといけないからバイトもやりますよね？

一ノ瀬　いや、田舎者の俺にはバイトじゃ食えないっていう感覚があったから、ハローワークに行って塗装屋に入ったんですよね。

――塗装の会社に就職したんですか？

一ノ瀬　そうっす。塗装屋をやりながら夜はジムに行ってって感じで。でも18歳くらいのときに仕事とキックの両立がだんだんキツくなってきて、ちょっと女のコとかにも走り始めてて。それで「俺、女のコと遊ぶのが楽しくなってる。このままじゃキックの夢が終わる」って思ったんすよね。

――仕事と女のコと遊ぶことに忙しくなって、東京に来た意味がわからなくなっていた。

一ノ瀬　そのときにいとこから、「沖縄の真樹ジムってところに内弟子のシステムがあるぞ」って言われたんですよ。

「内弟子時代の俺の夢は『ショッピングモールに買い物に行きたい』だったんですよ。那覇メインプレイスっていうところに（笑）」

――あー、なるほど。そういう流れだったんですね。

一ノ瀬　「そこの内弟子になれば仕事はしなくてもいい。練習だけ」ってことで紹介してもらって、安里館長から「たしかにウチには内弟子のシステムがある。朝から晩まで練習でキツい環境だけど、おまえにその覚悟があるんだったら来い」って言われて、行ったっすね。

――それで沖縄に飛んだんですね。東京時代は結局、試合には出なかったんですか？

一ノ瀬　K－3とかに出て準優勝くらいすな。それこそチームドラゴンの選手に負けたのを憶えてます。

――K－1に出ることを見据えてキックを始めて、プロデビューもしていないのにもっとストイックにやらなきゃと沖縄に行くっていうのは、やっぱり自分を追い込みがちな性分なんでしょうね。

一ノ瀬　そうっすよね。とにかく強くならなきゃっていうのと、それこそ苦労を求めていたじゃないですけど、めっちゃ苦労すればK－1に出られると思ってたっすから。そこを求めて沖縄に行きましたね。

――住み込みの内弟子制度ってどんな感じなんですか？

一ノ瀬　俺が行ったときは誰もいなかったっすね。

――えっ、ひとり？

一ノ瀬　ひとりっす（笑）。内弟子制度はあるけど誰もいなくてひとりだったっすね。タイ人のトレーナーがいらっしゃって、その人とふたり暮らしって感じだったっす。それで朝に練習をして、掃除して、昼寝して、そこからまた午後練っていうムエタイのシステムと同じっすね。

――確実にしんどい環境ですよね。

一ノ瀬　まあ、しんどかったっすね。それは練習のしんどさとかだけではなかったです。やっぱテレビもないし、娯楽がなかったし、外出禁止やったっすから。おしゃべりすらも怒られてたりしてました。ジムが3階にあって、窓の外からローソンが見えるんすよ。そのローソンを見てるのが俺の娯楽やったっす（笑）。

――ローソンを見るのが娯楽！（笑）。

一ノ瀬　そうっす。「ああ、今日は成人式や。俺も成人式やな……」って思いながらジムの窓から外を見てたりしてたっすな。

――夜明け前の暗い青年時代ですね（笑）。

一ノ瀬　暗いっすな～（笑）。

――真樹ジムには何年いたんですか？

一ノ瀬　全部で5年ちょいくらいですかね。

――えっ、そんなにですか!?　5年間、内弟子生活を？

一ノ瀬　内弟子で。でも、あいだの2年間くらいはタイに行ってるんすよ。全部で5年くらいだと思うっすよ。19から24、25くらいまでいたと思うっすからね。

――携帯電話もない？

一ノ瀬　スマホはないっす。

――インターネットが見られるパソコンは？

一ノ瀬　もちろんないっすね。

――はあー。でも、その5年がのちに効いてますよね。

一ノ瀬　えっ、マジっすか？

――なんか一ノ瀬さんってスレてないというか、いまどきではないじゃないですか（笑）。

一ノ瀬　アッハッハッハ！　それはあると思うっすな！（笑）。だから先輩役者からも「おまえの武器は純粋なところにあるから」って言われていたんですよ。たしかにその純粋なところは、内弟子生活で何も娯楽を経験していなかったからというか。だって、あの頃の俺の夢は「ショッピングモールに買い物に行きたい」だったんですよ。那覇メインプレイスっていうところに（笑）。

――純粋！（涙）。

一ノ瀬　あそこに行けば人もたくさんいるだろうし、当然女のコもいっぱいいるだろうし、「しゃべってもいいんだろ？」みたいな（笑）。

――アハハハハ！「しゃべってもいいんだろ？」はヤバいですね！（笑）。

一ノ瀬　だから東京に出てきて、初めて合コンとかに行った日は凄かったっす。あと「えっ、キャバクラってなに!?　なんだ、このシステムは！」って思ったっすよ（笑）。

「俺のキックボクシングを供養させるために最後の悪あがきで、俺のモヤモヤを成仏させるためにチームドラゴンに行ったんです」

――女のコとしゃべり放題で（笑）。その、途中で2年くらいタイに行くことになったのはなぜですか？

一ノ瀬　館長も俺をK－1に出させたかったんですよ。それで地方予選みたいなのを作ってK－1へのルートを用意してくれたんです。「ワタル、これはおまえのためだからな」って言われたっすから。

――K－1に出すための実績をそこで作ろうという。

一ノ瀬　だから「がんばらないと！」って思ったっすけど、その地方予選のトーナメント1回戦の1ラウンドで俺は負けたんすよ。そうしたら館長が「おまえ、そんなんじゃダメだ！」って。

――内弟子ですからねえ。

一ノ瀬　マジで怒られて「タイに行け！」って言われたんすよね。いまはそれこそ吉成名高くんとかが出てきて、外国人選手でも拮抗できるようになったっすけど、当時のムエタイはまだ武田幸三さんが勝ったくらいなんですよ。そういう外国人には誰も勝てない未知なる強さのところに行けって言われて。

――さらなる厳しさのある場所に身を置けと。

一ノ瀬　でも「ワタルは禁欲を強いられてたからバンコクに行ったら遊ぶぞ」とも言われてて、バンコクの隣のナコンパトムっていうところに送られて、もうジャングルの中にジムがあるんすよ。そこに住み込みで、俺が触れ合った女性はジムの会長の奥さんくらいで、それ以外の女性は姿すら見なかったくらいのジャングルだったっすな（笑）。

――よりハードな練習環境と禁欲生活を強いられたどころか、今度は日本語も通じないという（笑）。

一ノ瀬　ますます通じない（笑）。その時期、俺がタイにいたんで「ちょっと俺もタイで練習したい」って沖縄のコが修行に来たりもしたんすけど、衛生観念の低さに泣いてたっすね。「俺はこんなところで2週間も暮らせない……」って（笑）。

――そうなったらキックだけじゃなくて、ハートが鍛えられますよね。

一ノ瀬　俺は普段はめちゃくちゃ弱いっすけど、ハートが強くなるスイッチがあって、そのスイッチが入っちゃったときの俺はなんでもやるかもしれないっすな～（笑）。

――マジでそうなんだろうなと思いますよ。

一ノ瀬　たぶんジムでそれをやったのは俺だけなのかな？　俺が入った頃のジムは本当に衝撃的で。要するに館長が真樹日佐夫さんの内弟子やったんすよ。そういう流れがあるんで

「おまえもそれをやれよ」みたいな。

——真樹日佐夫式なんですね。

一ノ瀬　だから内弟子だったときは、朝、目を開けたら頭の上で包丁をブラブラされて、起きたと同時にパタッと落とされるんですよ。

——えーっ!?　それはなんのために?

一ノ瀬　それをかわすことで反射神経を鍛えるみたいな練習すな。あとは砂鉄を入れた麻袋を「毎日1000発殴れ」って言われてたんですよ。それで1000発も殴ってると拳の皮がめくれてきて、そうしたら館長がそこに塩をすり込むんすよ。「この痛さがおまえを強くするんや!」って。

——マジですか。

一ノ瀬　マジっす。だから黒崎健時さんの流れもちょっと汲んでたジムやったかもしれないですね。しかも内弟子っていうことで。

——それでも試合で勝てなかった……(笑)。

一ノ瀬　そうなんすよ(笑)。俺はけっこう早い段階で殴り合いが嫌だっていうのを薄々気づいてたんで。まず、俺のデビュー戦の相手がカルロスさんっていう人だったんですけど、計量のときに会ったら「明日よろしくね〜。内弟子でがんばってるんでしょ?　試合が終わったら遊びに行こうよ!」って話しかけてきて、「えっ、カルロスさん、めっちゃいい人やん!」と思って(笑)。

——いい人なんでしょうけど、一ノ瀬さんは試合が終わっても遊びに行ける立場にないっすな(笑)。

一ノ瀬　俺は映画の感覚で入ってるっすから、勧善懲悪じゃないけど、悪いヤツを倒すために格闘家になったのに、最初に「いや、カルロス、いい人やん!」と思ったのがちょっとあれやったっすな(笑)。

——それでもずっと内弟子生活を辞めなかった一ノ瀬さんは狂ってますよ。何年目でタイに行かれたんですか?

一ノ瀬　俺が21くらいやったと思うっすね。

——じゃあ、沖縄2年、タイ2年、また沖縄1年で計5年とかですかね?

一ノ瀬　まあ、そのぐらいっすね。だからタイから帰ってきてまた内弟子に戻ったっすけど、そこで一度引退するんですよ。「俺はもうダメだ……」と思って佐賀に帰ったんですよね。でも心の中にまだ気持ちが残ってて、そのときにチームドラゴンの勢いが凄かったんですよ。だって、ひとつのチームがひとつの団体に勝っちゃってたんすから。

——J－NETWORKとか全日本キックと対抗戦をやって勝ってましたよね。

一ノ瀬　それで俺のキックボクシング人生最後の悪あがきで、チームドラゴンに行ったんすよね。俺のモヤモヤを成仏させるためにも。ただ、そこから俳優もやり始めるんすけど。

「俺の役者人生は『宮本から君へ』で真淵拓馬をやってから変わったっすね。あれで『サンクチュアリ』のオーディションにも呼ばれたし」

――ふたたび上京して。

一ノ瀬　東京に来たっす。チームドラゴンは町田にあったっすね。

――それは真樹ジム的にはオッケーだったんですか？

一ノ瀬　ジムにはちゃんと許可を取りました。「じゃあ、成仏させるために行ってこいよ」みたいに言っていただいて。

――成仏っていいですね（笑）。

一ノ瀬　それでチームドラゴンに入ったんですけど、あそこってK－2グランプリで優勝しないとプロコースに上がれなかったんですよ。そこで俺は優勝したんですよね。で、チームドラゴンのやり方が俺にはけっこう合ってたんすよ。それまでずっとムエタイをやってたんですけど、ムエタイから一度解き放たれるんすよ。成仏っすから。

――快調に成仏していくわけですね。

一ノ瀬　成仏なので「俺の好きなスタイルでパンチもいっぱい使っちゃおう」と思って。そうしたらけっこう負けなかったんです（笑）。

――成仏パワーって凄いですね（笑）。

一ノ瀬　負けなかったから「あれ？」と思って。で、そのときにちょっと大きい大会があって、それに出るって予定だったんすけど、東日本大震災があって大会が中止になったんですよね。

――２０１１年。

一ノ瀬　そうっすな。で、キックだけでは食えなかったっすから、そのときにエキストラのアルバイトを始めていたんですよね。そのエキストラの仕事が凄くまわってて、たまに役付きの仕事をもらったりもして。

――エキストラの仕事はどこからの紹介ですか？

一ノ瀬　いや、エキストラの登録会社があって、それに登録したんです。そうしたら早い段階で凄いまわり始めて、監督からの指名とかもけっこうあるようになって「あの役はこのコにやらせてみよう」みたいな感じで、仕事がトントントンと決まっていって。そうしたらプロデューサーから「おまえ、なんで事務所に入らないの？」って言われて、「えっ、事務所ってなんすか？」みたいな。

――こっちは内弟子が長いんだから、事務所なんて知らないですよね（笑）。

一ノ瀬　それで「役者って事務所に入らないとダメなんだよ。

で、マネージャーつけないと。じゃあ、事務所を紹介してあげるよ」って言われて、そのタイミングでキックか役者かっていうところで、俺の中でキックはいったん成仏できた感もあったっすから、前田憲作会長に相談して「ちょっと進路変更をしようと思います」って言ったっすね。そうしたら快く送り出してくれて、役者になったっていう感じだったっすね。

——はあ——。なんだかとんでもなく回り道をされてきたような気がするんですが、でもやってきたことすべてに意味があったというか、苛烈なキック時代があってこその役者・一ノ瀬ワタルのたたずまいなんでしょうね。

一ノ瀬　そうっすな〜。

——実際にやんちゃしていた時期はあるんですか？

一ノ瀬　それがやんちゃしてた時期がないんすよ。グレてた時期がまったくないんですよね。

——ずっとこの感じですか？

一ノ瀬　そうっすね。みんなからも「変わんないね」って言われるので。「中学校のときのまま」って言われるっす。

——『サンクチュアリ』の猿桜も凄まじい演技でしたけど、映画『宮本から君へ』の真淵拓馬という役は本当に衝撃でした。いわゆる作られた物語の中の作られた役柄に対して、本気で怖くて憎いと思ったのはボクは生まれて初めてだったかもしれないです。

一ノ瀬　へえー、それはうれしい！　ありがとうございます。でも本当に俺の役者人生は真淵拓馬をやってからちょっと変わったっすね。

——あれが一ノ瀬さんの出世作ということになるんですかね？

一ノ瀬　そうっすね。あれをやるまではキャラクターとして呼ばれている仕事が多かったっすけど、あれで役者・一ノ瀬ワタルとしての仕事が来るようになって。だから『サンクチュアリ』にしても、『宮本から君へ』を観たプロデューサーが俺に興味を持ってくれたっていう感じやったですし。

——拓馬と猿桜、あの二役はどっちも「これは俺がやるしかないやろ」と思われたんですよね？

一ノ瀬　そうっすね。まあ、睾丸が1個割れたっていうのもあるし（笑）。

「『サンクチュアリ』は本当の相撲の稽古をめっちゃやってたっすから。あのときの俺は自分が俳優っていう感覚はなかったです」

——あっ、そうだ！　拓馬が作中でキンタマをちぎり取られますけど、実際に一ノ瀬さんもキンタマを割っていたっていう。

一ノ瀬　チームドラゴンのときの話っすね。試合で俺がハイキックを出したところに相手のミドルキックを股間にパーンともらうんすよ。それでパカーンと割れたっすな（笑）。ファールカップの裏からパーンとやられたっす。

――じゃあ、いまは1個ないんですか？

一ノ瀬　いや、これがですね、病院の先生からは「摘出しましょう」って言われたんすけど、「摘出するしか道はないですか？」って聞いたら「いや、摘出はしなくてもいいけど、もうある意味があまりないよ」って言われて。「でも、そのままにしておいても腐ることはないとは思うけど」みたいな感じだったんで、「それだったら残しておいてほしいっす」って言って、だからいちおう片方は飾りとしてあるっすな（笑）。

――そのことも役者の道にシフトすることに決めたきっかけのひとつですよね。

一ノ瀬　たしかに睾丸が1個割れたときはもうキックは無理だと思ったっすな。

――ちなみに今日の体重は何キロですか？

一ノ瀬　次回作のために減らしてる最中なんすけど、いまは112キロとかそんなもんすかね。

――『宮本から君へ』で元ラガーマンをやるときは80キロから……。

一ノ瀬　113キロっすね。

――『サンクチュアリ』のときは130キロまで上げたんですよね？

一ノ瀬　そうっす。130キロを超えたっすね。

――ラガーマンのときは本当にずっとラグビーやってましたみたいな身体つきで、力士のときは完全に力士にしか見えなかったです。

一ノ瀬　ありがとうございます。

――鍛えながら身体をデカくしていく感じですよね。だから一ノ瀬さんへの仕事のオファーって、格闘家みたいに「いま何キロ？」っていうやりとりもありそうですね（笑）。

一ノ瀬　あー、たしかにそう求められることは多いっすね。でも格闘技と違うのは、格闘技の試合だと体重計に乗るじゃないですか。こっちは見えたらいいっすから。

――そう見えたらいいと。

一ノ瀬　そうなんですよ。だからそのへんはラク……ではないか。どっちのつらさもあるけど、とにかく計画を立てて身体作りをしていく感じっすね。『サンクチュアリ』にいたっては本当の相撲の稽古をめっちゃやってたっすから。あのときの俺は自分が俳優っていう感覚はなかったっす。撮影に入る前から毎日稽古してて、まるで本当の相撲部でしたね。

――相撲の演技指導が維新力で。

一ノ瀬　そうっすね。演技指導というか相撲監修ですね。維新力さんも普段はやさしいんですけど、相撲の稽古となるとやっぱキツかったっす。

——撮影していた頃はもう力士の気分でした？

一ノ瀬　力士やったっすね。

——そんなときは私生活ですら、みたいな感じですか？

一ノ瀬　そうっすね。猿桜の芝居をしてるっていう役者の感覚じゃなかったんですよ。だから撮影が終わる頃に監督に相談したんですよね。「俺、『サンクチュアリ』が終わったあと、猿桜以外を演じることができないかもしれないです……」みたいな。「これから、ほかの役をどうやって作ったらいいのかがちょっとわかんないっすね」っていう。でも、それは監督の狙いやったらしいんすよ。猿桜と一体化作業みたいな。監督の江口カンさんも厳しかったっすからね。

「猿桜の役作りにおいて涙を流したのは1、2回どころじゃない。あれはもうわけがわからなくなってたんだろうなあ……」

——『宮本から君へ』の真利子哲也監督からも言われたと思うんですけど、「拓馬あっての、この映画だった」っていう。『サンクチュアリ』も猿桜が一ノ瀬さんじゃなかったら、あそこまで素晴らしい作品にはなっていなかったんじゃないかと思うんですよ。

一ノ瀬　うれしい！　それはもうありがたいっすなあ！　まあ、たしかにそういう声はけっこういただいてて（笑）。『宮本から君へ』も、真淵拓馬をやる人間が見つからなかったから撮影がスタートできなかったらしいんですよ。もう何年か探しててのキャスティングだったっていう話は裏で教えてもらったっすね。『サンクチュアリ』も何回かオーディションをやって、「いや、違う」みたいなのが繰り返しあったって聞きましたけど。

——キックは教えてくれる人、教えてくれる場所があるじゃないですか。お芝居はどこで磨かれたんですか？

一ノ瀬　これは芝居論とかになるのかもしれないすけど、本当に監督によって現場が変わるんすよね。だから芝居って監督によってやり方も変えないといけないような気がするっすな。だからまあ、ＴＰＯって感じっすかね。ただ、『サンクチュアリ』をやる前と、やってからで俺の芝居の捉え方が変わったんですよ。どっちが正解なのかはわかんないすけど。

——『サンクチュアリ』で一ノ瀬ワタル流の芝居のやり方が固まりつつあると。

一ノ瀬　それはあるっすね。だから江口監督にベースを作ってもらったというか。（クランク）インする半年くらい前から、監督とは毎日ＳＮＳで動画を送りあったりして、キャラクター作りをしてたんです。あそこがいまのベースにあるかもしれないっすな。

――『マン・オン・ザ・ムーン』という映画で、アンディ・カウフマンっていうコメディアンを演じた当時のジム・キャリーのドキュメンタリーがあるんですけど、撮影中は役になりきったことで、もう仕事とオフ、現実と演技の境目がなくなって頭がおかしくなってるんですよね。

一ノ瀬　へえー。『マン・オン・ザ・ムーン』。

――そのドキュメンタリーは『ジム＆アンディ』っていう、それこそＮｅｔｆｌｉｘで観られます。一ノ瀬さんも猿桜を演じていたときはそこまでいったのかなって、いまお話を聞いていて思ったんですけど。

一ノ瀬　そうっすな……。いまはこうやって普通にしゃべってるっすけど、猿桜をやってたあの当時は誰とも会話してないっすからね。現場でもひとりになってたし。まあ、猿桜と俺がリンクするところもあるんすけど、猿桜の役作りにおいて涙を流したのは1、2回どころじゃないっていう感じっすかね。

――なかなか掴めなかったってことですか？

一ノ瀬　掴めずに悩んでたっすね。あれはもうわけがわからなくなってたんだろうなあ……。でも俺はひとりで役を作ってないですからね。江口監督と一緒だったからまだ大丈夫だったと思うっすけど。

――一ノ瀬さんの夢はなんですか？

一ノ瀬　夢……ちょっと待ってください。長めの夢と直近の夢があるんすけど、直近の夢でいうと猿桜を完結させたいっす。猿桜は終わってないっす。俺の中で、猿桜がもの凄い勢いで「出せ！出せ！やらせろ！」ってずっと叫んでるっすね。

――猿桜を完結させたい。

一ノ瀬　それと長いスパンの夢だと、やっぱちゃんと名を残すような俳優になりたいし、家で飼っているウサギたちをずっと幸せにしてあげたいっていう夢もあるっすな。いま8羽いて、今度家を引っ越すんすけど、本当にウサギハウスっすから。ウサギのためだけを考えた部屋で。

――ウサギファーストの家（笑）。

一ノ瀬　ウサギファーストで考えた家に住むっすね。それと、できれば幸せな結婚もしたいっていうのもあるっすな。あっでも、『突然ですが占ってもいいですか？』っていう番組で星ひとみさんから言われたんすよ。「あなた、海外に行くから。これはもう絶対に行く」って。実際に、なんか海外からの話が来るようになってるっすな。

――いつか近所のショッピングモールに遊びに行くことが夢だった男が、海外でも活躍するようになったら痛快ですね。

一ノ瀬　だから、俺の中での第一優先は絶対に猿桜なんすけど、海外っていうのもちょっと夢として見えてきたっすな。

一ノ瀬ワタル（いちのせ・わたる）
1985年7月30日生まれ、佐賀県嬉野市出身。俳優。元プロキックボクサー。
格闘家になることを夢見て、高校を中退して上京してキックボクシングを始める。だが仕事と格闘技の両立に悩み、沖縄に移って真樹ジムオキナワで内弟子になりプロデビュー。そこでジムの館長の紹介で三池崇史監督と知り合い、映画『クローズZERO II』に出演したことで俳優に興味を持つようになる。その後、一度引退をするが再度上京してチームドラゴンに入ってキックを再開。同時にエキストラのアルバイトを始めていたことで役者を目指すことを決意する。2023年5月4日配信開始となったNetflix配信ドラマ『サンクチュアリ -聖域-』で大相撲力士・猿桜（小瀬清）役で自身初主演を務める。同作品は配信開始直後から大きな話題を呼び、日本ランキング1位獲得。さらにNetflixグローバルTOP10（テレビ・非英語部門）入り、世界50以上の国と地域で「今日のシリーズTOP10」入りも達成した。ドラマは『ろくでなしBLUES』『デスノート』『アンナチュラル』『サ道』などに、映画は『任侠ヘルパー』『無限の住人』『宮本から君へ』『新解釈・三国志』などに出演。

バッファロー吾郎Aの
きむコロ列伝!!

Buffalo GoroA

第143回 2023年10月の日記

バッファロー吾郎A

バッファロー吾郎A/本名・木村明浩（きむら・あきひろ）1970年11月24日生まれ/お笑いコンビ『バッファロー吾郎』のツッコミ担当/2008年『キング・オブ・コント』優勝

2023年10月の日記をココに掲載したい。メモ程度なので見直してみて「これは何だ?」というモノもあるので補足説明的なモノも入れてみた。誰も興味がないと思うが、暇つぶしにご覧いただきたい。

10月3日　83・8キロ
大喜利ワークショップ『FunnyA』二期生の卒業ライブ@ロフトX

初めてのロフトX。小さなライブハウスだが舞台が高めで非常に見やすく、奥行きもあってやりやすい。二期生トーナメント優勝はジュンペーアナコンダ。おめでとう。

日付の下の数字はその日の朝に計った体重である。

10月8日　83・2キロ
『ツーフィンガー鷹』DVD鑑賞。

ユン・ピョウ主演の昔のカンフー映画。

臆病なユン・ピョウが猟奇的な殺人カンフー拳士と闘う話だがかなりおもしろい。説明台詞がほとんどないのに内容が伝わってくるのは設定と構成がいいからだと思う。ユン・ピョウは臆病な役でもカッコイイ。DVDを貸してくれたコアチョコのMUNEさんに感謝。

10月12日　82・2キロ
ルミネのコント出番。

久しぶりのルミネ出番。出番終わりで同期の大山と飯。

10月13日　82・3キロ
病院で定期健診。

血液&尿検査の結果を見ながら「木村さん、筋肉が壊れています」という今まで聞いたことのないお医者さんからのコメントに動揺。服用しているある薬がたまにそういう副作用を起こすらしく、その薬をやめると数値が戻ると聞いて安心した。

10月17日　82・8キロ
ずんのやすさんと文筆家せきしろ氏と3人

で飲みに行く。
オジサン3人で大井町の美味すぎ良太郎なジンギスカン屋さんへ。やすさんがずっと「ジンギスカンは風水を気にせず食べられるのがいい」と言っているのでおかしいと思ったら、風水と通風を間違っていた。

10月18日　82・9キロ
ウッチーとワカちゃんと蕎麦屋さんへ。
プロレスを通じて知り合った3人で広尾の有名な蕎麦屋さんへ。ツユではなく塩だけでもすすれる繊細な味わいと喉越しが素晴らしい。ご馳走様でした。

10月20日　82・6キロ
せきしろ氏と『応援上演版すいているのに相席』の打ち合わせ。
映画の応援上映の舞台版で同じコントを続けて2回やる。1回目はお客さんにいつものように観てもらい、2回目はコント中に声援や一緒に歌ったりしてもOKの参加型上演で楽しんでもらおうという試み。

10月21日　82・2キロ
地方の営業のため前乗り。
営業の前乗りなんて何十年ぶり？　もしかして初めてかも。

10月22日　？？？キロ
営業終わりで原宿へ。
原宿の『カフェな。』さんでおこなわれた私デザインの『Tシャツ展2023』が無事終了。今回が3回目で1カ月強という過去最長期間でたくさんの方に来ていただきありがとう、いいTシャツです。

10月24日　82・7キロ
一泊二日の熱海旅行へ。
カミさんと何年ぶりかの旅行。熱海は東京から新幹線で40分程度と近いし、シーズンオフだと安いし、ホテルも空いていて温泉にもゆっくり浸かれていい。ただ水曜日は定休日のお店が多いので今度来るときは水木は避けたほうがよさそうだ。

10月25日　？？？キロ
帰京。
新幹線に乗る前に入った熱海駅近くのカフェ『藍花』さんで食べたコーヒーぜんざいが美味すぎ良太郎。あんこ&ソフトクリーム&コーヒーゼリーの3つのハーモニーが素晴らしくてまさにスイーツ界の闘魂三銃士。コレを食べるためだけでも熱海に来る価値アリ。いい骨休めになった。

10月29日　82・5キロ
もつ焼丸松へ。
1時間並んだ。丸松と蕎麦の松永は並んででも食べたい。

10月30日　82・9キロ
minanちゃんがメインパーソナリティーを務めるラジオのゲストに呼ばれる。
FM GUNMAの『lyrical school minanのLet'sチルアウト』という番組の録音。その中のワンコーナーである「漫画『NANA』の大崎ナナが言わなさそうなセリフ」のコーナーが本当におもしろかった。
姉さん、僕の2023年10月はこんな感じでした。

REST
IN
PEACE
ANTONIO INOKI

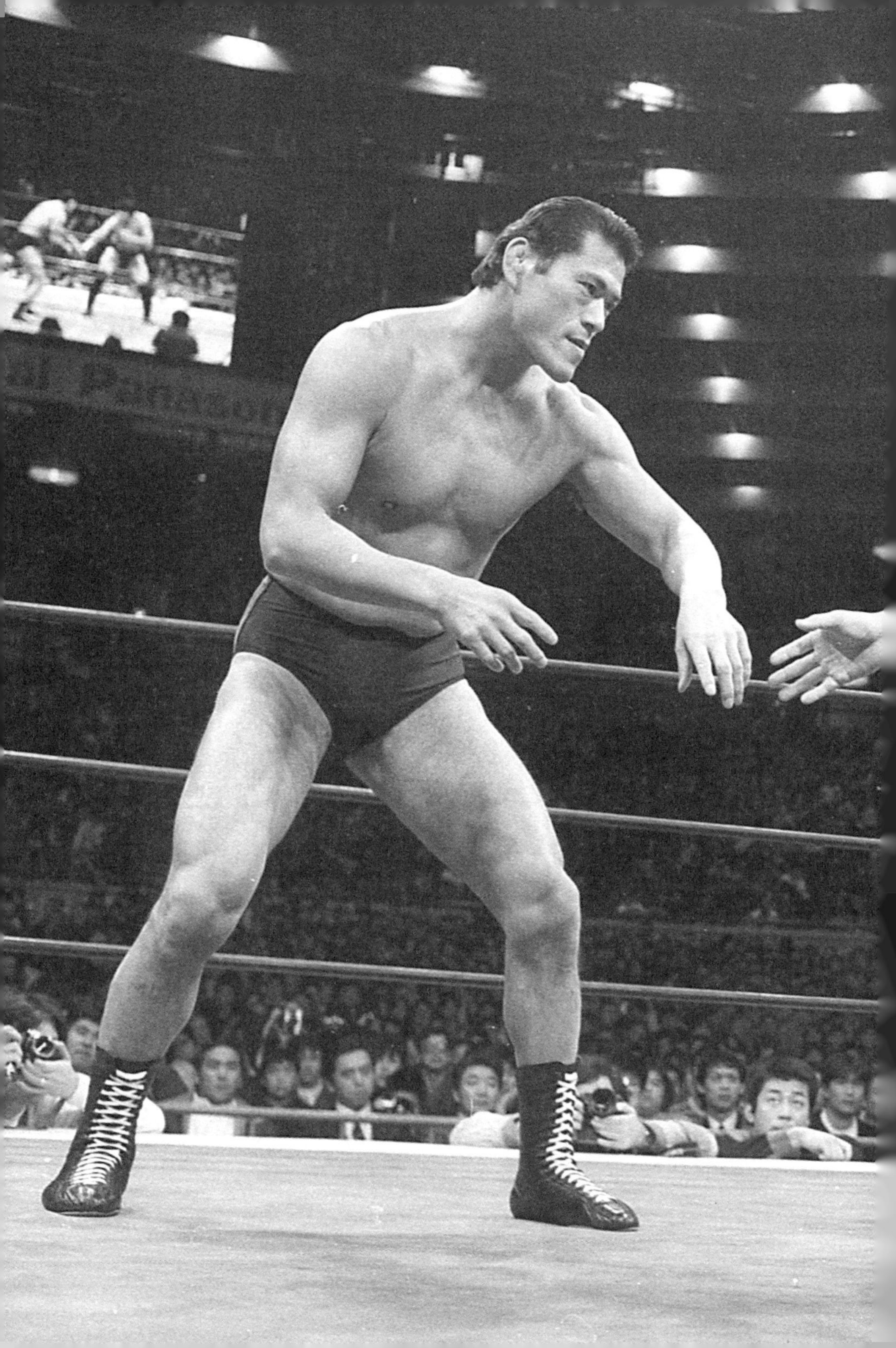

アントニオ猪木に呼び出されて、倍賞美津子さんと3人でスナックで飲んだある夜の出来事――。

収録日：2023年11月9日
写真：山内猛
聞き手：井上崇宏

「猪木さんはなんとか俺を懐柔して、どうにか状況をよくしようと思って、いろいろな話をしてくれていたんだろうけど、それは俺も60を過ぎたいまになってわかるんだよね。俺と猪木さん、なんかうまくいかなかったね。お互いにコミュニケーションが不器用すぎた」

前田日明

リングスCEO／THE OUTSIDERプロデューサー

「藤波さんも歪んでたんだよ。"歪んだ愛"っていうのは他人にはなかなか理解されない愛情表現のこと」

――ようやく前田さんのところに、アントニオ猪木の話を聞きに来ることができました。

前田　でもさ、みんな認識違いをしてるなって思うのが、俺、猪木さんとはそんなに接点がないんだよね。若手のときにすぐにイギリス遠征に行ったし、帰ってきてもすぐに「UWFに行け」でしょ。それで業務提携で新日本に戻ったのも2年くらいだし、そこから俺は第二次U、リングスとやっていて、猪木さんとはほとんど関わりがなかったんだよね。

――たしかに物理的時間だとそうかもしれませんが、いやいや、いまさら「あまり接点がなかった」と言われても、そんなの誰も認めませんよ（笑）。

前田　そうなのかな。

――去年10月1日に猪木さんが亡くなって、そのあと出した『KAMINOGE』を追悼号として、藤波さん、長州さん、佐山さん、そして中邑真輔選手も捕まったので、お話を聞いたんですよ。

前田　知ってるよ。

――あのとき、前田さんにお声がけする勇気がボクにはなかったというか、亡くなられてからあまり時間も経っていないなかで、なんとなく取材を受けていただけないような気がしたんですよ。

前田　なんで？　俺はあれに出てるメンツを見て、「やっぱりな。肝心なときに俺だけ省いてんな」って思ったよ。

――けっして前田さんを省いたとかではないですよ！（笑）。

前田　俺、あれで井上の本心がわかったからね。「ああ、やっぱりアイツはそういうヤツだったか」みたいなさ。

――いやいやいやいや、ちょっと待ってください。「あまり接点がなかった」と言ったかと思えば「省かれた」と言ってみたり……（笑）。でも本当にあのときはボクなりにデリケートになりました。お話をしてくださったみなさんへのオファーもおそるおそるでした。

前田　でも俺の目から見てね、猪木さんが亡くなってから、いろんな人間がいろんなことを語ってるでしょ。そのなかで本当に心底ガックリ落ちてるなって思ったのは藤波さんだけですよ。中学で陸上競技の選手だったのが猪木さんに憧れて、北沢（幹之）さんの紹介で16歳で日プロに入ってさ。それでいきなり猪木さんの付き人をやって、それからずっとふたりだったわけじゃん。16ってまだ全然思春期を引きずっていますよ。人間形成の土台を作っている頃だから、やっぱりね、藤波さんのなかでいろいろと感慨深いところはあったと思いますよ。

——正直、藤波さんの猪木さんに対する想いのピュアさは異常すぎるとも思いました。

前田　だから一時期は藤波さんも猪木さんに対して反抗していたときもあったけど、あれもいま思い返してみると、反抗期の子どもが父親に拗ねてるような感じだったんだよね。

——「もっと俺を見てくれよ」っていうような。

前田　そうそう。「なんで俺のことはかまってくれないんだ、俺だってこんなにがんばってるじゃないか！」って。たしかに藤波さんのがんばりがあっての80年代の新日本プロレスブームじゃん。藤波辰爾を軸にして、いろんなものがビッグバンしていったでしょ。藤波さんがいなかったら、その後の長州力も前田日明もなかった。あの人は新日本プロレスの盤石の土台であり、門番だったんですよ。そんなガッチリとした門番のうしろに猪木さんという殿様が鎮座していたんだよ。佐山さんなんかは、その門番と殿様のあいだで、飛んだり跳ねたり自由に遊んでた感じだよね。

——猪木さんと最後のお別れをするためにマンションに行った藤波さんが、猪木さんのいる奥の部屋になかなか入ることができずに廊下で立ちつくして、ずっと肩を震わせていたらしいんですよ。それで付き人時代にずっと猪木さんの頭を洗っていたからと、じっと猪木さんの頭を触らせてもらっていたって。泣きそうになるんですけど、その話。

前田　やっぱり歪んでるんだよね。「歪んだ愛」っていうのは他人にはなかなか理解されない愛情表現のことでしょ。なんだかんだあっても、猪木さんと藤波さんって肌が合ったんだよね。

「俺という存在は猪木さんからしたら痛し痒しだっただろうね。もう、しょうがないよって感じだったんじゃないの」

——肌が合った。

前田　昔は、人との相性に関して「肌が合う」っていう言葉があったけど、いまは言わなくなったよね。なぜなら他人とそこまでの関係性がないから。かろうじてさ、スポーツの世界でちょっと残っているくらいで、そこも本来の「肌が合う」という意味とはちょっとズレてるんだよね。肌が合うっていうのは、他人なのにまるで親子とか兄弟みたいに気質が合う、家族みたいに思えるっていうことですよ。だから昔の小説とかドラマなんかによく出てきた話でさ、友達関係なんだけど、「コイツのためならいつでも死ねる」とか。「この人のために俺は犠牲になろうと思った」とか「俺の部下は絶対に殺させない。俺が身を挺して守る」みたいな場面が当たり前のようにあったじゃん。それがいまはアニメにすらなくて、アニメでもたまに似たような話は出てくるんだけど、やっぱりちょっとニュアンスが違うんだよね。命を懸けるとかさ、コイツのために命を張るとかさ、身代わりになるとか、敵を討つとかさ、そのどれもなんか色合いが違う。そう思わない?

――いや、わかります。で、その感覚はボクも失いつつありますね。

前田　だから肌が合うっていうくらいの近い人間関係の文化って、日本からなくなったよね。

――自分の身を挺してでも守る対象って、自分の子どもくらいかもしれないですね。友達や知り合いとは、お互いにそこまでの関係性を期待していないでしょうし。

前田　我が子だけになっちゃったよね。だから昔はいまよりももっと人間関係が厚かったんですよ。たしかにいまはもう身を挺してでもくっついて守ってるっていうのは親子ぐらいしかなくなった。でもその関係さえも、みんな結婚しなくなったし、子どもを作んなくなったから、わからない人が増えた。だから俺が藤波さんがいちばん落ちてるんだろうなって思ったのは、10代の頃にそのいちばん肌が合う関係だった親元から離れて、まだ人格形成が完全にされていない頃に猪木さんのところに行って、猪木さんは師匠だから実の親よりも厳しい部分もあったと思う。叩かれたことも多々あっただろうし、逆に褒められることもあっただろうし。そこで藤波さんは、猪木さんの中にある親と同じものを一生懸命探して、自分の気持ちを安定させようとしていた。で、探して懐に入れてたんだよね。だから思春期からずっと一緒だったという繋がりの太さは、ほかのレスラーとは全然違いますよ。

――結果的にも、実の父親よりも長い時間を共有しましたからね。

前田　文字通り、藤波さんは猪木さんと肌が合ってたんですよ。「猪木さんのためなら死ねる」くらいの気概が藤波さんにはあったと思うんだよね。

――前田さんはアントニオ猪木に何を求めました?

前田　俺はなんだろ?　俺はプロレスに対して真っ白な状態で入ってきたから、猪木さんの言うことをそのまま材料にしたんですよね。まるでミノムシのようにさ。ミノムシって、自分の身近にある枯れ葉とかを集めて自分の蓑を作るでしょ。試しにミノムシを捕まえて蓑から出してみるとさ、近くに折り紙の切れ端とか適当なものを置いておいたら、それですぐに新しい蓑を作っちゃうんだよね。だから、俺ももうただのミノムシだよ。いいも悪いもなく、猪木さんの言うこと、やることを全部材料にして俺なりの蓑を作ってた。そういう俺という存在は、猪木さんからしたら痛し痒しだっただろうね。コイツは俺が言ったことをなんでも実践するのはいいんだけど、

U
W
F

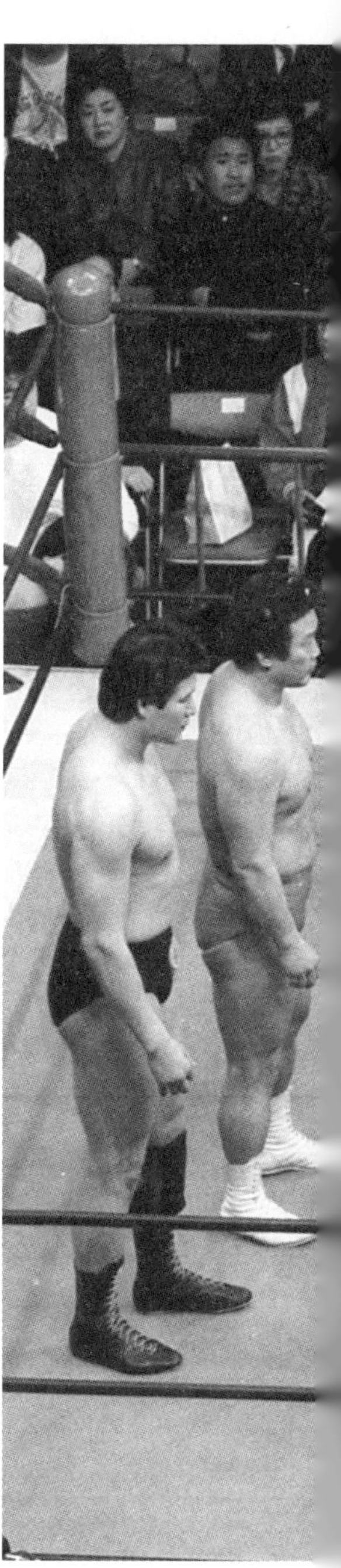

もうちょっと場所やタイミングを考えてやれよみたいなさ。

――「いや、間違ってはいないんだけど……」っていう（笑）。

前田　そうそう。間違ってはいないんだけど、おまえ、いまじゃねえだろみたいなさ（笑）。たぶん、猪木さんは俺に対してそういう感じだったと思う。あーあ、勝手に鉄砲玉みたいに行っちゃった、みたいな。

――たしかにある時期、猪木さんにとって前田さんは迷惑な存在だったと思うんですよね。でも、それも本人はあまり気にしていなかったんですかね？

前田　どうなんだろうね？　もう、そういうヤツなんだからしょうがないよって感じだったんじゃないの？

――思い返すと、自分の弟子だろうが、あんまり興味を持っていなかったんじゃないかという気もするんですよね。

前田　結局、何が起きても、なんだかんだでみんなを受け入れるんだよね。もういろいろ調整したりするのがめんどくさかったんだよ。本当に「あのとき、なんで俺はシバかれなかったんだろう？」っていう話がいっぱいあるよ。北海道か東北のどっかの体育館で、試合前に誰かが便所でウンコしててさ、それをみんなで寄ってたかって「誰だ、ウンコしてんのは、コラー！」って、ドアをどんどんやったりワーワーやってさ、中から全然「やめろ」とか言ってこないからさ、延々調子に乗ってやってたんだよ。それでガタッとドアが開いたら猪木さんだったみたいなさ（笑）。

――怖い!!（笑）。

前田　俺らはゾッとするじゃん。でも「おまえら、いいかげんにしろよな」ってポツリと一言言うだけ。全然怒らない。

「猪木さんの気持ちがゴッチさんから離れた瞬間っていうのがあるんだよね。そのことを俺に凄く強く言うんだよ」

――ちょっと待ってください。寄ってたかってやったって、逆に誰だと思っていたんですか？

前田　わかんないよ、なんも考えてねえんだから（笑）。新弟子の誰かとか思ったんじゃないの？「体育館でウンコしてんじゃねえよ」みたいなさ。

――それ、中学生ですよ。

前田　あとはいまでも憶えてるんだけど、入門当時、荒川（真）さんと藤原（喜明）さんがさ、俺に「おまえ、そんなにタッパがあって、巨人症じゃないんか？」って言うんだよ。でも俺は高校時代に病院に行って、ちゃんと調べてもらったことがあって。

――身長が止まらないぞと。

前田　本当だよ？　俺、中3からタバコを1日に何箱も吸ってたけどさ、それって身長を止めるために吸ってたんだから。

――それだけ深刻に悩んでいたわけですね。

前田　それでも中3で175センチだったのが、高3で189センチまで伸びて止まらないの。ほんでさ、足なんてさ、中3でいまと同じ30センチとかあるんだよ。ないやん、靴が。当時、男性物でいちばん大きいサイズが26センチだったから。

――いまでも30センチの靴を探すのはちょっとめんどくさいですよね。

前田　それでもネットですぐに買えるからいいけどさ。で、そんだけデカかったら着る服もないやん。俺らの頃はアイビーとかが流行り始めてたんだよ。

――本当はアイビールックでキメたかった（笑）。

前田　そりゃ、できるもんならオシャレしたかったよ。ズボンなんかいつも丈が足りてないし。

――ナチュラルに田吾作スタイルで（笑）。

前田　多感な時期にいつも田吾作スタイルですよ。ほんで病院に行ったら、医者が「あなたは巨人症じゃないですよ」って言うんだよ。巨人症の人は末端肥大って言って、手とかが異様に大きくなったり、アゴが異様に出たり、額がフランケンシュタインみたいにボコッと前に出るという特徴があると。「でも、あなたはそういう特徴がどこにもない」と。「たぶん、あなたの場合は優性遺伝で先祖に大きい人がいっぱいいたりしたんでしょう。だから心配ないから」って言われたんだよね。そのときに俺、「たとえば巨人症ってどんな人がいますか？」って聞いたら、「ほら、アゴの長いアントニオ猪木とかね、足とか手がデカいジャイアント馬場とかね」って言ったんだよ。

――まさに末端が肥大しているでしょ、と。

前田　たしかに昔、それで馬場さんは手術をしたらしいんだけど。で、猪木さんは違ったんだけどね。それで荒川さんと藤原さんから「おまえ、巨人症じゃないんか？」って聞かれたときに、医者から聞いたその話を全部教えたら、あのふたりがさ、俺を猪木さんのところに連れて行って、「おい、おまえ、巨人症じゃないって話をせい」って言うんだよ。それで俺は馬鹿正直だから「医者から、キミは猪木さんみたいにアゴが長くないし、馬場さんほど手足もデカくないから大丈夫だって言われました」ってそのまんま話したんだよ。ほんで、藤原さんと荒川さんはそれを見て喜んでんだけど、猪木さんはなんとも言えない苦い表情をしてた。でも怒ったりはしないんだよ。なんか不思議な関係でしょ。なんなんだろうね?

――その藤原さんと荒川さんが一緒になってふざけてたり、猪木さんが「おまえら、くだらねえことやってんな」っていう表情をしているところとか、その風景がなんとなく目に浮かびますよ。

前田　だから普段はそういうふざけたことをされてもまったく怒らなかった。でも練習のときだけはもう別人だったね。「なにタラタラやってんだ!」みたいなさ。藤波さんなんか凱旋帰国して2週間目か3週間目のとき、試合前の練習中にプッシュアップボードで頭をバックリ割られてさ。その日はテレビ中継があってさ、頭に包帯して入場してきた。

――試合前に何が起きたのかって。

前田　だいたい猪木さんは、長期の巡業で連戦が続いて、みんなヘトヘトになって練習もトーンダウンしているのを見かけたときに「こら!」ってなるんだけど、藤原さんが「ああいうのはいちばん早く行って殴られたほうがいいんだ」って言ってたよね。

――肩があったまってきて、どんどん痛くなる(笑)。藤原さんなんかも「アントニオ猪木がすべて」って人じゃないですか。

前田　でも、やっぱり藤原さんも愛憎半ばだから。俺から見て、凄く歪んでいたときもあったよ。猪木さんのことが大嫌いな時期もあったし、かと思えば大好きでしょうがないって時期もあったり。それで俺が「あのとき、あんなに悪口言ってたじゃないですか」って言うと、「おまえ、勘違いすんなよ。それは全然違う意味だよ。俺がいつ猪木さんを嫌いになったんだ」って言うしさ。

――だから当時の新日本って、精神的なホモ集団ですよね。

前田　そうそうそう。精神的なホモ集団。あとさ、猪木さんから(カール・)ゴッチさんの話で1個聞いたのが、猪木さんの気持ちがゴッチさんから離れた瞬間っていうのがあるんだよね。新日本を旗揚げしたときに外国人選手のブッキングルートがなくて、猪木さんはゴッチさんを頼ったでしょ。そのときにゴッチさんにお金の話をされたと。そのことを俺に凄く強く言うんだよね。

「いまの俺の魂が当時の俺に乗り移ったら、『そうか。猪木さんはここまで思ってくれているのか』ってわかる」

――ゴッチさんからブッキングのギャラの話をされて、猪木さんの気持ちが離れたと。

前田　だから、それもいま考えたら、猪木さんはカール・ゴッチという人に父親像を求めていたんだけど、そこでビジネスの関係になっちゃったっていうことで気持ちが離れたんだろうなって。で、俺にそういう話をしたあとに「おまえ、ゴッチ、ゴッチって言うけど、〝プロレスの神様〟っていうのは俺が考えたんだよ」って。

――そう猪木さんが言ったんですね。

前田　「あれは俺らが作ったんだよ」って猪木さんが言ったんだよね。

――それはいつごろ聞いた話なんですか?

前田　ユニバーサルが潰れて新日本に出戻ったとき、なんか夜に呼び出されるんだよね。それで猪木さんと倍賞美津子さんと俺の3人で、スナックみたいなところに行って、猪木さんはワイルドターキーを煽りながらいろいろ俺に話すんだよ。そこでゴッチさんの話もしてきて。まあ、いまから考えると、猪木さんにしてみたら、なんとか俺を懐柔して、どうにか状況をよくしようと思って、わざわざ呼んでくれてたんだろうけど、それは俺も60を過ぎたいまならわかる。猪木さんってコミュニケーションが不器用だったね。凄く不器用だった。

――当時は、呼ばれて、一緒に酒を飲んで話をする意図がわからなかった。

前田　いまの俺の魂が当時の俺に乗り移ったら、「そうか。猪木さんはここまで思ってくれているのか」ってわかったんだろうけど、そのときはわからなかった。だから「わざわざ呼び出して、ゴッチさんの悪口かよ」って俺は反発したんだよね。だからその話も最初は、猪木さんがゴッチさんのことを尊敬していたから、当時の裏ボス的なイメージというか、プロレス界の中の特定の人にしか評価されていなかったゴッチさんのことを「この人はプロレスの神様だ」と言って、俺が表に出してあげたんだよ」ということだったんだけど、俺もいちおうユニバーサルを経験していたし、当時26、27歳ぐらいだからお金の話をしてもわかるだろうと思って、「ゴッチにブッキングをお願いしたら、お金の話をしてきたんだよな。驚いたよ」って言ったんだよね。

――要するに猪木さんは心を開いて話をしてくれていたってことですね。

前田　いまだったら「ああ、なるほどな」ってわかるんだけど、当時の俺は受け止め方が違ったんだよ。「そんなこと言うけど、あんたは誰にジャーマンスープレックスホールドとか卍固めとかを教えてもらったんだよ？」とかってカチンと来たんだよな。

——ある意味、登場人物全員が純粋ですよね。それゆえに履き違えが生じるというか。

前田　いや、純粋っていうんじゃないんだよ。俺らは歪なね、発達障害の村だったんだよ。その中でいろいろなことが起こったんだよ。でもね、新日本プロレスに限らず、日本の社会って経済界とかでも発達障害ばっかりなんですよ。そういう話をいっぱい聞くよ。どんな成功者でも、たまたまのギリギリのタイミングでよかったり悪かったりする。たとえばAっていう人がBに大きな商談をしに行くときに、直接だとこじれるのは必至だから、そのあいだの人間が事前に布石を置いたり、伏線を敷いてくれたりして心得違いがなく済みましたとかさ、そういう微妙な話がいっぱいあるよ。

——調整役がうまく立ち回ってくれて成立している。

前田　独立独歩だとだいたい落ちちゃうんだよね。だから一匹狼よりも、なんだかんだといちいち誰々に相談するっていう人間がババを引かないんだよ。俺と猪木さんも、直接だったからなんかうまくいかなかったね。お互いにコミュニケーションが不器用すぎた。

——すべてはいまになってみてわかることですね。

前田　でも、いまの21世紀の日本って、ますますコミュニケーションが消えちゃったよね。一人一人が孤独ですよ。YouTubeに2ちゃんねるの過去ログみたいなのがあがってたりするでしょ。かろうじて、ああいうところにまるで遺跡のようにコミュニケーションが残ってるんだよね。だからあれってさ、発掘作業と一緒なんだよ。

——遺跡の発掘作業（笑）。

前田　あれってコミュニケーション遺跡なんだよ。「あっ、かつてはこんなことがあったんだ。人間ってこういうようなことを言いあったりしていたんだな」っていう。それで、それを読んだあとに人と会話しているなかで、ついつい2ちゃんの語り口とかツッコミ方が出ちゃったみたいなさ（笑）。もうそういうところにしか残ってないんだよね。

「まわりの小銭稼ぎのために あんな死ぬ間際まで映像を撮られてさ、 なんであんなことしなきゃあかんねん」

——前田さんから見て、やっぱりアントニオ猪木はハートが強かったですか？

前田　そりゃ強いっしょう。猪木さんがいつも言ってたのは

「もし、相手にナメられたことをされたらやらなきゃいけないよ」って。それでみんなにコレ（ガチンコの練習）をやらせてたし、そういう覚悟、根性が大事なんだってことは常に言ってたよね。だけど、みんなコレをやってはいたけど、ハートの強さはなかった。なさすぎて、「まさかそんなことは起こらないだろう」っていつも思ってた。でも猪木さんだけは「何が起こるかわからない」って、いつも疑いながら試合をやっていた感じだよね。

——プロレスの捉え方がまったく違ったと。いちばん疑われていたのは猪木さん自身じゃないかって気もしますけど。

前田　それと前も言ったけどさ、北沢さんから聞いた話で、力道山の付き人をやっていた時代、クルーザーで相模湾を横断していて初島が見えてきたときに、力道山から「おまえ、こっから泳いで初島まで来い」って言われて海にドボーンって落とされて、それから3時間泳いできたって。普通じゃ考えられないよ。

——よくぞ力道山も落としたなって話ですよね。

前田　どっちもどっちだよ。

——だから力道山が刺されて亡くなっていなかったら、猪木さんはその先どんな人生だったのかなって思いますよね。それだけ苛烈なかわいがりを何年も我慢して耐えたわけですけど。

前田　まあ、力道山が死んでなくても猪木さんはガッツがあるから、努力してそれなりに成功したんじゃないかな。力道山と元横綱の前田山のあいだで、猪木さんをしばらく相撲界に預けて、身体を大きくさせて戻すっていう約束をして、前田山が猪木さんを見て「コイツはいい顔をしてるね」って言ったら、力道山が「そうだろ？」って言ってニコッと笑ったって話があるじゃん。それを見た猪木さんが「あっ、力道山は俺のことを認めてくれてたんだ」って思って凄く感動したって。

——猪木さんはそのことをことあるごとに話してましたよね。

あのときの力道山の得意げな表情が忘れられないと。裏を返せば、それだけ印象に残ったってことは普段どれだけ厳しかったんだって思いますよ。前田さん、健康に長生きしてくださいね。

前田　突然、なんだよ？

——あのアントニオ猪木も苦しい闘病の末に死ぬんですから。

前田　79歳でね。それまでは普通にというか「いい感じで歳をとったな」って感じだったのに、最後の2～3年で一気にガガガッと落ちていったよね。でもさ、まわりの小銭稼ぎのためにあんな死ぬ間際まで映像を撮られてさ、なんであんなことしなきゃあかんねん。「そういう姿を晒すのもアントニオ猪木だ」って、あんなの猪木さん本人はやりたくないに決まってんじゃん。誰がそんな自分の弱々しい姿を見せたいんだよ。俺、その場にいたらまわりにいた連中全員ぶちのめしてたよ。「おまえら、アントニオ猪木をナメてんのか」って暴れてるよ。

前田日明（まえだ・あきら）
1959年1月24日生まれ、大阪府大阪市出身。リングスCEO/THE OUTSIDERプロデューサー。
1977年に新日本プロレス入門。将来のエースを嘱望され、イギリスに「クイック・キック・リー」のリングネームで遠征した。第1次UWFに参加したのち、新日本にカムバックをしたが、顔面キックで長州力に重傷を負わせて新日本を解雇される。そして第2次UWF旗揚げ、解散を経て、1991年にリングスを設立。1999年2月21日、アレキサンダー・カレリン戦で現役引退。その後HERO'Sスーパーバイザーを務め、現在はリングスCEO、THE OUTSIDERプロデューサーとして活動している。

KAMINOGE LISTEN TO POWER HALL

長州力［吉田光雄］

「アントニオ猪木がスーパースターなのは
間違いなくそうなんだけど、
坂口さんが本当に一生懸命にやったよね。
俺も『長州よぉ、なんだこれはぁ』って
しょっちゅう領収書を突き返されてたからな。
それくらい経営手腕は凄い。
だから猪木さんも坂口さんに頼っていた部分は
かなりあったんじゃないかな」

収録日：2023 年 11 月 8 日
撮影：タイコウクニヨシ
聞き手：井上崇宏

いま“クローズアップ・世界の荒鷲”の気運高まる！
映画『坂口征二をさがして』を制作、公開せよ !!

「えっ、会長の映画は100分超えてるのか!? 普通、映画は1時間ちょっとくらいでfin（終了）するだろ」

――長州さん、お疲れ様です！

長州　あ？　そうやってずっと立ってないで早く座ってくんない？　俺が座ってるのに、立ったまましゃべりかけられるとちょっと高圧的に感じて嫌かもわかんない。

――あっ、すみません！　では座らせていただきます。

長州　おっ、ようやくプレッシャーから解放されたぞ。今日はこれ、『KAMINOGE』？

――はい。よろしくお願いいたします。

長州　あのさ、知ってる？　俺、今日休み。それをズカズカとやってきて……。しかし、おまえがまだ『KAMINOGE』を作ってたとは驚きだな。そんなに好きなの？

――えっ？　好きとは？

長州　そのリュックの中に色紙がいっぱい入ってたりしないよね？

――いや、ボクはそんな熱狂的な長州さんのファンとかではないですよ。

長州　かっ！　まあ、俺のところに話を聞きに来るのはずいぶんひさしぶりだもんな。

――でも前回から1年は経っていない感じですけど、あまり気安くするのもよくないなとは常々思っております。

長州　かっ！　何をとぼけたことを。おまえは誰にでも気安くするのが身上じゃん。俺のところに気安くこなかった間、誰に気安くしてたんだ？

――気安く……。そういえば最近は古舘伊知郎さんに気安くさせていただいているかもしれませんね。

長州　伊知郎に？　山本、おまえ……。

※毎度しつこいが説明しよう。長州力は長年、聞き手の井上のことをどこでどう間違えたのか、ずっと〝山本〟と呼んでいるのだ！　もう12年もの間!!

長州　山本、おまえ、伊知郎はもう局アナじゃないんだから慎重に対応しろよ？

――重々理解しております。

長州　山本ほどじゃないかもしれないけど、俺も伊知郎とは仲良いよ。仲良いけど会ってはいない。あっ！　山本は映画は観たの？

――映画？　あ、猪木さんのやつは観ましたよ（『アントニオ猪木をさがして』）。

長州　俺、観てないんだよ。で、山本が観た感想は？

――感想の発表は、長州さんも観たあとにぜひやりましょう（笑）。

長州　映画は何時間？

――100分ちょっとです。

長州　えっ、100分超えてるのか!?　普通、映画は1時間ちょっとくらいでｆｉｎ（終了）するだろ。

――2時間以上ある映画もザラですけどね。あの映画、長州さんのところに出演オファーはなかったんですか？

長州　ない。シャットアウト。

――それはどっちサイドがシャットアウトですか？

長州　知らん。ただ、パンフレットのほうにアレ（コメント）をくれって話はあったみたいだけどな。ただまあ、俺はもうプロレスのことはあまりしゃべりたくないし、会長（猪木）のことに関しても俺の中では、亡くなってお別れに行ったときで終わってるんだ。みんな考えはそれぞれだから、あだこうだ言うつもりはまったくない。ただ、会長が亡くなってから急に関係がない人間たちが集まり出してる。まあ、それもああだこうだ言うつもりはまったくない。ただ、俺なりの考えではもう俺は終わってる。だから今日だって何も話すこともない。はい、ｆｉｎ！

「新日本に入ってきた事情もそれぞれ違うんだから、みんながLa vie en roseだったかどうかは知らん」

――手元のボイスレコーダーによると開始から4分9秒です……。あれ？　長州さん、奇しくも猪木vsドン・フライの試合タイムと同じです！

長州　黙れ。だって、ああだこうだ言うつもりはないと言いつつ、ここでしゃべっちゃうと「ああだこうだ言ってるじゃねえか」って言われるだろ。「なんやかんやで『ＫＡＭＩＮＯＧＥ』ではしゃべるんだな」って思われたくもない。俺と山本はそこまでの仲じゃないわけだし。

――そ、そうですね。

長州　ずっと会長のそばにいた人間というか、リングに上がってるときに対応した若い選手から上の選手まで、会長と接した人間はみんなそれぞれ会長に対する見方が違ってて、新日本に入ってきた事情もそれぞれ違うんだから。ああだこうだ言うつもりはまったくない。みんな同じ意見で、同じ気持ちで、新日本に入ってきたわけじゃあるまいし。だからみんながみんな、Ｌａ ｖｉｅ ｅｎ ｒｏｓｅ（バラ色の人生）だったかどうかは知らん。

――なんか今日はちょいちょいフランス語が飛び出しますね……。

長州　あ？　まあ、今朝ちょっとクロワッサンを食べたからな。パリジャンの要素が入ってくるのは仕方がない（※全部真顔で言ってます）。おまえ、そうやって茶化すなよ。

――すみません（※本当はここで「すみません」をフランス語で返したかったが、学がないため断念）。

長州　だから、べつにみんなが会長について何をしゃべっていようが、俺は「あっ、こういう見方でやってたんだな」って思うくらいで。俺は俺なりの考えで40年以上プロレスをやって、まあ、何年やろうが何十年やろうが関係ないんだ。みんな会長に対する見方も考え方も接し方も違ったわけだ。会長にあこがれて入ってきた人間もいれば、お米（お金）のために入った人間もいる。ただまあ、たっつぁん（藤波辰爾）だけはやっぱり気持ちのアレ（度合い）がみんなとは違うっていう。

――それは新日本時代から感じてました？

長州　知らん。それはたっつぁんに聞け。まあ、ずっと特別な思いでやってたんだろうな。でもさ、やっぱり何十年もやってると俺なりに会社の中も見えてくるんだよ。そこでの俺の感じ方は、まあ役員までやっていたわけだから、わりと正確かもわかんないよな。

――会社の中と言いますと？

長州　あの会社は坂口（征二）さんがいなかったら傾いてたかもわかんないよね。なかなか表には出ない人だけど、あの人がいなかったら厳しかったかもわかんない。会長はリングの中でアントニオ猪木をやってて、坂口さんもリングの中でそれなりにがんばって、俺はそういう会長や坂口さんの背中を見ながら「プロレスというのはこういう世界なんだ」って、俺なりの感じ方で吸収してがんばってきたという自負はあるよね。でも、そこが最終点じゃなかったっていう部分が俺はみんなとは違う。

――生涯、いちプロレスラーで終える気はなかったと。

長州　それは本当に。みんな若いときからあの世界にいて、みんないつか消えていくじゃん。もう噂でしか聞かないような人間もいる。俺はマジで最初からあの業界で一生を終えるというような考えではなかったよ。「この業界に入れたから、一生ここで」ってことはなかった。たぶん会社だってそこまで面倒はみないだろうし、言い方はおかしいけど俺にとっては通過点みたいなもんだよね。

――自分の人生の、ある時期をプロレスで過ごすと。

長州　やっぱりプロレスの世界でも、もうしんどいと感じたら、みんなリングを降りていくわけだから。それは俺も一緒で、降りていった。だけど降りたときといまの時代はまった

く違う。昔はこうだった、ああだったとか言ってるだけでメシが食えるわけもない。だから俺はいまの仕事をやってるし、それはスタッフ何人かでこなしてるだけだけど、家族もいるし、まだ止まるわけにはいかない。……山本、「ただし」はフランス語でなんて言うの？

——わかんないです！　そのまま「ただし」でお願いします。

長州　ただし。やっぱり坂口さんがあの業界にいたから、みんなメシが食えてたっていうのはあると思うよ。いちばん新日本に貢献したんじゃないかなと思う。あの人はどんな会社に行っても成功してるだろうね。

——それぐらい仕事ができる方なんですね。

長州　仕事ができる。で、細かい（笑）。だから、それがあの会社の強みのひとつでもあったんだろうな。経費なんかでも（坂口の声真似で）「長州よぉ、なんだこれはぁ」ってしょっちゅう突き返されてたからな。

——謎の領収書を（笑）。

長州　まあ、それはあまりにも謎すぎたというか。やっぱり会長も坂口さんに頼っていた部分があったんじゃないかなと思うよね。「そのかわりリング上は俺がやっていく」っていう。わかんないけど、なんかそのへんの部分ではあのふたりは息が合ってたんだろうね。でも坂口さんは馬場さんとも手が合ったから、もしも坂口さんが全日本に行ってたら、全日本もずいぶん変わったんじゃないかなと思うよな。それくらい、あの人の手腕は凄かったからね。

「会長のそばで見ていた何人かの人間は常に『ヤバいぞ』っていう。普通の感覚だとヤバいと思うことばっかりだった」

——坂口さんは柔道時代に企業に所属していたことはありますけど、それも2年くらいで日本プロレス入団じゃないですか。一般的な社会人経験がほとんどないのに経営手腕があるって凄いですよね。

長州　本当に。

——銀行も「坂口征二だったら信用で貸す」って言ってたんですよね？

長州　だっておまえ、ふたりで銀行に借金を返しに行ったことがあるんだぞ。

——それは前にも聞きました。それで銀行から「そんな一気に完済しないでくれ」って言われたんですよね？（笑）。

長州　本当に（笑）。応接間に通されて、挙句にはお茶まで出されたからな。

——それは東京ドームのUインターとの対抗戦のあとですよ

ね？

長州　そこはあまり突っ込んで聞くな。あのときは本当に何カ月もしんどい思いをしたんだよ。2億くらいあったんじゃないの？　ちょっといろんな事情があって、それは俺じゃないと借りられなかったんだよ。

――えっ、どういうことですか？

長州　いや、どういうことって、まあいろいろだよ。お金を作るのに保証人は俺だったんだよ。

――そのときは2億。

長州　2億。えっ、山本、よく知ってるね。

――いやいや、いま長州さんが言いました（笑）。

長州　たしかに2億あったんだよ。

――1995年4月に北朝鮮で『平和の祭典』をやって、その年の10・9にUインターとの対抗戦があって。要するに新日本はその4月の北朝鮮で莫大な借金を抱えてしまっていたという。

長州　そう。だから東京ドームがこけてたら期限までに払えなかっただろうな。まあ、東京ドームの事情はわかってたから、もう大丈夫だっていう。

――チケットがあっという間に完売ですからね。そのときは事情があって、長州さんひとりが保証人だったわけですよね。

長州　うん。

――なんですか、その事情って？

長州　いや、それは言わん。あのとき、坂口さんでも保証人になれるんだったら坂口さんがなったんだろうけど、とにかく俺が保証人になっていたわけだから。まあでも、マッチメイクのほうもやってたんで事情も常に頭に入ってるからな。坂口さんには「絶対にここはキメないとボクは終わりますよ」って伝えていて、当然状況は坂口さんもわかってたし。だからあの人は簡単に言えば責任感が強いんだよ。

――約束は守ると。

長州　それは間違いない。頼もしかったね。これは俺の見方だよ？　だからテレ朝もバックにはついてるけど、会長ひとりで「俺にまかせておけ」ってテレ朝と交渉してやれたかなって。それは俺には見えないな。やっぱり坂口さんじゃないと危うかったかもわかんない。まあ、その頃っていうのは、リング上はアントニオ猪木を前面に打ち出すってことは間違いない。でも坂口さんがいなかったら、会社はたぶん傾いてたかもわかんない。俺はみんなとはちょっと違った発想というか、立場だったから言うんだよ。もうさ、「ウソッ!?」「ヤバい！」っていうのが連続してくるんだよ。ただ、それぐらいのことをやったから、ましてその中心人物がアントニオ猪木だったから、新日本というのはライトを浴びたよね。でも、それを会長のそばで見ていた何人かの人間は、常に「ヤバいぞ」っていう。普通の感覚でいったらヤバいと思うことばっかりだった。

「俺はついに2億のハンコをついた。それでそこから一気に仕掛けたよね。『もうドームは大丈夫です』って」

——猪木さんの仕掛けようとすることが。

長州　それを感じてたのは会社の中でほんの数人だけだけどな。会長も黙ってひとりでやるわけじゃないからさ、そりゃ何人かには話すわけだ。だから坂口さんもそういう部分では「会長は何を考えてるんだ」っていう愚痴みたいなものは聞いたことがある。

——でも愚痴る程度なんですね。

長州　そう。まあでも、会長も坂口さんを信頼してたよね。信頼されたからこそ坂口さんがいちばん苦労したかもわからないよな。あのふたりが一緒にやっていた頃にそういうところを見てるから、凄いな、大変なんだろうなって思ってたよ。だから「昇進させてやる」って言われても、俺はあんまり上には行きたくないっていう（笑）。

——あんまり信頼されたくない（笑）。

長州　まあ、坂口さんと話してると常に安心感を植えつけてもらえたよな。やっぱり坂口さんは明治大学の体育会系で面倒見とか責任感とか、「あっ、この人なら責任を取るんだろうな」って思うような、そういう信頼と安心感があったよね。だから俺はついに2億のハンコをついたよな。べつにそこはもうあまり悩まないで「わかりました」って。そこから役員会とは別に数人で集まって、その頃なんかは（倍賞）鉄夫も生きてたし、営業の上の人間も呼んで一気に仕掛けたよね。

——Uインターとの対抗戦を。

長州　それで「もうドームは大丈夫です」って、そうやって乗り越えたこともある。

——ドームを押さえなかったら、財産を差し押さえられていたかもしれなかったと。

長州　だから東京ドームが終わったあと、坂口さんから「ちゃんと振り込んでおくからな」って言われたし。

——スリリングですねえ……。

長州　そのとき、もしダメだったらどうなったかはわからないけど、テレ朝もついてるとはいえ、しんどい思いはしたと思うよ。まあ、アントニオ猪木はスーパースターで、それは間違いなくそうなんだけど、坂口さんが本当に一生懸命にやったよね。俺だったら絶対に無理。できない。だから実際に……まあ、いいや。

――教えてください。

長州　そのところはしつこく聞かないほうがいい。だから俺は坂口さんの映画が公開されたら観に行くよな。『坂口征二もさがして』。

――『坂口征二もさがして』！　いいですね！（笑）。

長州　でも、そういう信頼できる人間ってみんな誰かしらいるだろ？　で、信頼とか安心だけじゃなく、やっぱり自分にとって苦手な人間が組織にいないとダメだよな。やっぱり俺も坂口さんから何度もブレーキをかけられたもん。いま思えば、ブレーキをかけられたからよかったという部分もある。会長に対して反発してる人間も会社の内部にはいたし。それこそ（山本）小鉄さんとかな。小鉄さんもああいう性格だったから会長とこじれるときがあったよね。反論して、会長と話し合いをしてるところも見たことがあるし。でも組織って、そういう微妙なバランスでなんとかこなせてんじゃん。とにかく会長は発想力が違うから、本当に会長の思うまま、好きなままやってたら、あの会社はもたなかったんじゃないかと思う。

――やっぱり新日本プロレスは坂口さんが縁の下の力持ちをやっていたからこそなんですね。

長州　俺の見方はね。

――坂口さんがいたからこそ、猪木さんも、長州さんも、目一杯リング内外で暴れることができた。

長州　乱暴者みたいに言わないで。これはさ、提言でも苦言でもまったくないんだけど、俺は昭和でしょ。そして時代は平成、令和ときてるんだけど、この業界自体は何があっても絶対になくならないんだよ。好きなヤツがいれば橋の下にでもリングを作ってやるだろ？

――橋の下でも（笑）。

長州　まあ、言い方はよくないかもわかんないけど、好きなヤツがいるかぎり橋の下だろうが、どこだろうがやるんだよ。よくさ、芸人さんたちがプロレスっていう業界がおもしろいからテレビでちょこっといじったりしてるじゃん。あれは俺はもう全然気にならないんだよ。きのうだって神奈月くんと一緒に仕事をやってきたわけだしな。ただ、ひとつだけ。俺も何十年もずっとプロレスをやってきて、いまプロレスファンっていうものも変わってきて、いまの時代の若いコたちが選手を一生懸命に応援してくれている。そのこと自体は昭和と変わらないよな。ただ、ひとつだけ。これは古臭い考えだと思うヤツも絶対にいると思うし、提言でも苦言でもないんだけど、〝壁〟を全部外したら、これはちょっとしんどいんじゃないかなと思う。もう俺にはだんだん壁が見えなくなってきた。

「もしも昭和の時代に会長が亡くなっていたとしたら、それはもう大変な大騒ぎになったんじゃないか？」

――レスラーとファンの間にあった壁がなくなりつつあると。

長州　べつにその時代に合わせた壁でいいんだよ。だけど壁を全部取り外したら「おまえたち、本当に苦しくなるぞ」っていう。そういう気持ちが俺の頭のどっかにはあるんだ。レスラーがファンに溶け込んで行ったら、そりゃ壁がなくなるよな。平成まではまだ壁があったと思うんだよ。じゃあ、誰がその壁を壊したかっていう話がしたいんじゃないんだけど、実際にもう壁がなくなってきちゃって、これからのレスラーはしんどいんじゃないかなっていう気持ちはあるよね。やっぱりプロレスっていうのは「わけのわからないスポーツ」って昔はよく言われてたけど、たとえスポーツであろうがなかろうが、たしかに何千万のファンがいたわけだ。いまもレスラーはみんな身体を張ってリングに上がってる。それも昔と変わらないけど、壁がない状態で、ファンに向こう側がハッキリと見えてる気がするんだよ。まったく壁がないとは言わない。ただ透け透けになっているような気がする。

――壁が半透明になっていると。

長州　だから、これは勝手な俺の妄想だけど。もしも、その高くて厚い壁が存在していた昭和の時代に会長が亡くなっていたとしたら、それはもう大変な大騒ぎになったんじゃないかって思うんだよ。あの頃のファンっていうのは、それほどの熱い想いを会長に対して抱いていたような気がするんだよ。で、それって壁があったからこそじゃん。

――裏を見ることもなく、仰ぎ見る存在だったたってことですよね。

長州　まあ、これは俺のひとつの見方であり、考えだから。昔は道場のまわりをカメラを持ったファンがしょっちゅうウロウロしてたけど、そんなのは「なんだ、コラ！」って叱り飛ばして、ほうきを持って追っかけてたけどな。山本みたいにリュックを背負って、中にたくさん色紙を入れてるような連中がたくさんいて。

――たしかにボクも東京育ちだったら、道場のまわりをリュック背負ってウロウロしてたと思います（笑）。

長州　あとは道場で練習してるときって、冬でも小鉄さんがドアを開けてやってたんだよ。なぜかって言うと、俺らが練習してる音とか声を外に聞かせるため。たとえスポーツであろうがなかろうが、俺らはこれだけのことを必死にやってるんだぞ、甘く見るなよっていう。そういう壁も作ってたよな。

――それも壁ですね。

長州　でも、その壁があった時代に活躍した人間が、いま、ああだこうだとＹｏｕＴｕｂｅやマスコミ相手にどんどんしゃべってる。いままで姿も見せなかったようなヤツもどこからかやってきて、おまえはなんのために壁を崩してるのか？　現役中を何を得ようとしてたのかな？と思って。いや、山本。マジで今日はもうこれくらいで終わりにしよう。

――わかりました。

長州　あ？　なぜ、そんなにあっさりと引き下がるんだ？

――えっ！　いや、サッと引き下がらないと、長州さんは怒りますよね？

長州　だから乱暴者みたいに言わないで。マジで俺は日々仕事でヘトヘトなんだよ。で、今日はひさしぶりの休みなんだぞ。それを山本はズカズカと邪魔しにきて、それを俺はやさしく迎え入れて。自分でなんてやさしい人間なんだろうって思う。俺が山本のことを気安いって言うのはそういうところだよね。

――すみません……。

長州　そもそも、なんで俺が『ＫＡＭＩＮＯＧＥ』であれこれ考えながら話さなきゃいけないんだっていう思いもある。いつから俺とおまえはそんなに壁がなくなったんだ？

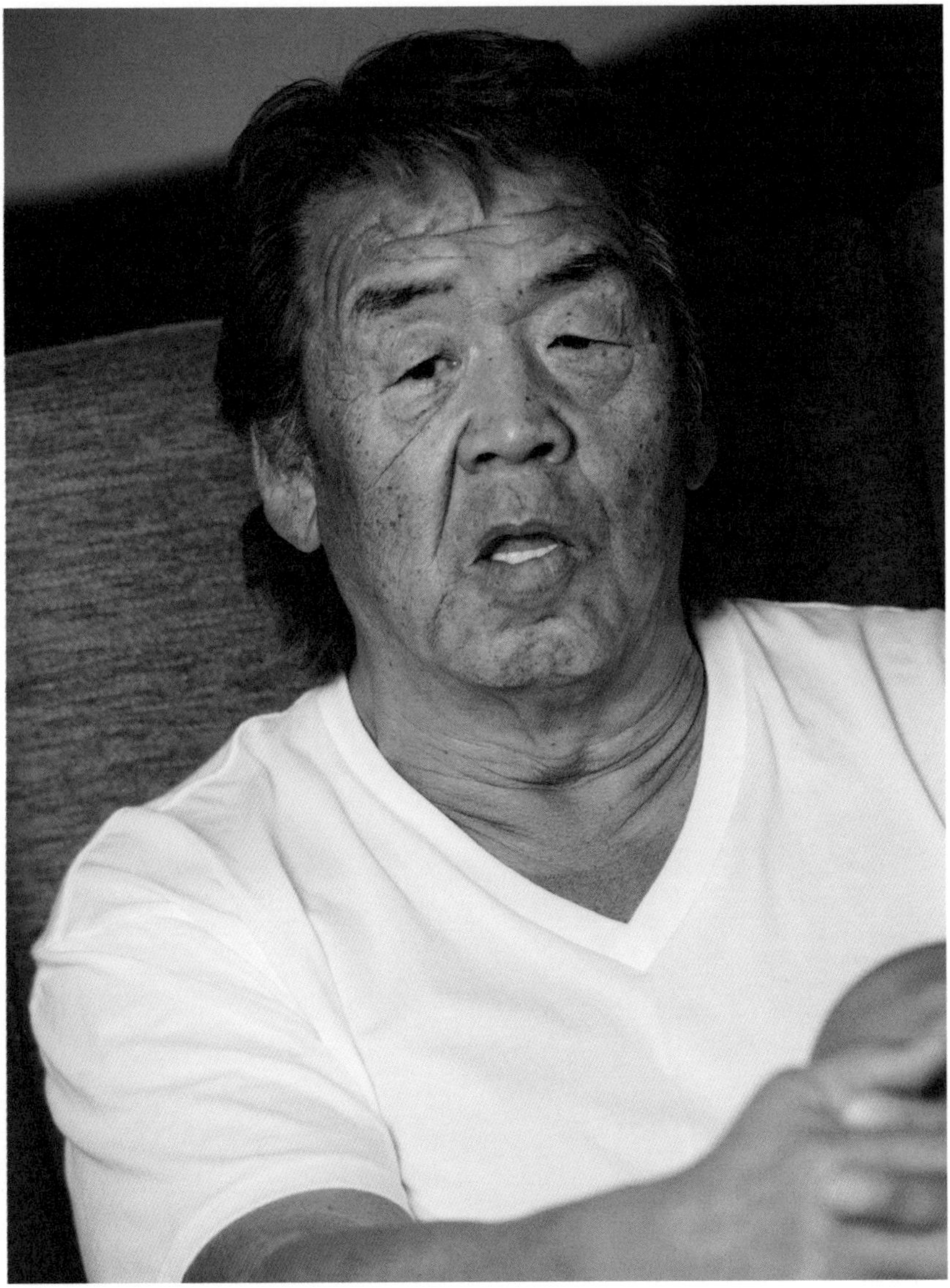

長州力（ちょうしゅう・りき）
1951年12月3日生まれ、山口県徳山市（現・周南市）出身。元プロレスラー。
専修大学レスリング部時代にミュンヘンオリンピックに出場。1974年に新日本プロレスに入団し、同年8月にデビューを果たす。1977年にリングネームを長州力に改名。メキシコ遠征後の1982年に藤波辰爾への噛ませ犬発言で一躍ブレイクを果たし、以後、"革命戦士"のニックネームと共に日本プロレス界の中心選手となっていく。藤波との名勝負数え唄や、ジャパンプロレス設立からの全日本プロレス参戦、さらに新日本へのUターン、Uインターとの対抗戦など、常にプロレス界の話題のど真ん中を陣取り続けた。2019年6月26日、後楽園ホールで現役ラストマッチをおこなった。

鈴木みのるのふたり言

第124回

鈴木式解釈 ストロングスタイル講座

構成・堀江ガンツ

鈴木　ちょっと待って。ガンツ、なんて格好してんの？

——えっ、まったくいつもと変わらない私服ですけど。

鈴木　全身プロレスグッズじゃん！（笑）。

——そうですね。高山善廣vsドン・フライTシャツに、アントニオ猪木パーカー、その上にUWFスネークピットジャパンのスタジャンという。秋の定番コーデです（笑）。

鈴木　どんだけプロレス少年なんだよ！（笑）。

——水道橋界隈をウロウロしてそうですか？

鈴木　晩メシは絶対『餃子の王将』だね。

——その前に書泉にも寄りますね。

鈴木　ちょっと遠出して闘道館にも行っちゃうんだよ。

——水道橋から都営三田線で巣鴨に直行して（笑）。

鈴木　そんなプロレスファンが、今日はなんの話？

——新日本の10・9両国国技館では、鈴木さんと永田（裕志）さんがまさかの歴史的和解となって、話題になったじゃないですか。

鈴木　あれね。この前、初めてタッグを組んだけど、アイツはあいかわらずバカ！

——早くも空中分解寸前ですか（笑）。

鈴木　バカすぎて、いますぐ解散したいくらいだよ。で、その永田がなに？

——そのシリーズで握手する前、鈴木さんと永田さんの間で「ストロングスタイル」論争みたいなのがあったじゃないですか。「ストロングスタイル」という言葉ひとつとっても、これだけ認識が違うんだっていうところがおもしろくて、あらためて鈴木さんが考える「ストロングスタイル」を語ってもらいたいんですよ。

鈴木　『KAMINOGE』読者も含めて、みんなが知ってる「ストロングスタイル」っていうのは妄想なんだよ。

——妄想ですか。

鈴木　妄想。どんなに深く理解していたとしても、それは妄想でしかない。俺が「ストロングスタイルを知っている」と言うのは、〝その場〟にいたんだもん。俺はアントニオ猪木をカシラとした、〝あの時代の新日本プロレス〟の総称が「ストロングスタイル」だと思っている。それはペーペーの若手であっても、使えない中堅であっても、それら全部ひっくるめた総称が「ストロングスタイル」。そこにはもちろん、アントニオ猪木の格闘技スタイルの闘いも含まれるし、道場での厳しい練習から、大人の修学旅行みたいな巡業、そんなのも含めて猪木を筆頭とした昭和の新日本一座、あれ自体を「ストロングスタイル」と呼ぶという、俺の中での結論が出たんだよ。

——「昭和の新日本プロレス」の文字通りの代名詞が「ストロングスタイル」だと。

鈴木　だから俺はその最後の時代の新人として、末席ではあるけれどそこに実際にいたんで、「俺は知ってるよ」と言えるんだよ。なので、そこにいなかった人が「これがストロングスタイルだ」と言ったところで、それはその人の想像上のストロングスタイルでしかない。

——「ストロングスタイル」自体、ファイトスタイルを指した言葉じゃない、ということでせすね。

鈴木　と、俺は思っている。新人時代のわずかな時間かもしれないけれど、実際に俺はそれをこの目で見て体験しているよ、と。そしていまの新日本に上がっている選手は、それを誰も目にすらしていない。その残像であったり、人から聞いた上での妄想だったり、そのうち一人歩きした「ストロングスタイル」というイメージを「俺はわかってる」って勘違いしているだけであってね。そもそも「ストロングスタイル」って誰が付けたの？

——東スポの櫻井康雄さんあたりじゃないですかね。もしくは実況アナウンサーの舟橋慶一さんとか。

鈴木　おそらくマスコミ関係だよね。その人たちが何を見て「ストロングスタイル」と付けたかといえば、あの昭和の新日本プロレスを見て付けた名前なので。だから俺は、あの時代の新日本のレスラーたちの生き方そのものがストロングスタイルなんだろうなと思ってる。それは新日本の黎明期だけじゃなく、佐山（サトル）さんがタイガーマスクとして大活躍していた時代も入っているし、俺がいた時期も入っているし。そんなアントニオ猪木一座の名前なんじゃないかな。かろうじてその末席ではあるけど俺はいたので。この目で見ることができたのは財産ではあるなって思っている。

——新日本プロレスは50年以上の歴史がありますけど、その中で猪木さんがフルタイムで巡業に出ていた、いわば「猪木一座」だった時代って、前半の25年ちょっとで、ちょうどそこから後半は違う時代になってるんですよね。

鈴木　その前半25年ちょっとがストロングスタイルだよ。異種格闘技戦も入ってるし、国際軍団も入ってるし、だから海賊男も、たけしプロレス軍団も、俺に言わせれば「ストロングスタイル」だよ。

——ストロングマシン軍団も「ストロングスタイル」だし、ドン荒川さんのひょうきんプロレスも「ストロングスタイル」ですよね（笑）。

鈴木　そうそう。あの人たちの生き方とか、プロレスとの向き合い方なんてストロングスタイルだと思うよ。「ストロングスタイル」っていう総称だから、それぞれ表現方法が違うんだと思ってる。佐山さんが考えるストロングスタイルは、のちにシューティングになり、修斗になり、世界的なMMAの起源になって。前田さんが考えるストロングスタイルは、UWFからリングスになり。そこから俺や船木（誠勝）さんが考えるストロングスタイルは、パンクラスになっていった。ただ、そういった格闘技方面に向かうことだけが「ストロングスタイル」じゃないと思ってるんだよ。

――「無我」を作った藤波辰爾さんだって、もちろんストロングスタイルですしね。

鈴木　自分で団体を作るだけじゃなくて、俺が入った頃の新日本はまだ星野勘太郎さんも現役で、気に入らない試合をした若手が控室に戻ってきたら「だらしない試合しやがって！」って、その場でしばき倒して、そのまま全試合終了後まで通路でスクワットをやらせたり。そういうものも含んだものがストロングスタイルだと思ってるから、基本的に再現されることはもうないとも思っている。

――「ストロングスタイル」をよみがえらせた途端、コンプライアンス違反になってしまうという（笑）。

鈴木　だって猪木さんはたぶん、一言たりとも「ストロングスタイル」って言ったことがないわけで。みんなが思ってるストロングスタイルって、アントニオ猪木を指してるんだよ。その猪木さんですら「ストロングスタイル」の一部であるというのが、俺が出した結論なわけで。

――なるほど。「プロレスラー、アントニオ猪木」は「ストロングスタイル」を構成する上で、核となる極めて重要な要素ではあるけれど、すべてではないわけですね。

鈴木　アントニオ猪木「一座」のことだと思っているから。

――猪木さんがいて、坂口さんがいて、小鉄さんがいて、星野さんがいてという世界ですね。

鈴木　藤原さんがいたり、佐山さんがいたり、途中から前田さんがいたり、髙田さんがいたり、船木さんがいたり、山田さんがいたり、俺がいたり、後藤さんがいたり、小杉さんがいたり、ジョージさんがいたり、途中で辞めてしまったけど長州さんがいたり、谷津さんがいたり、そういうのも含めた猪木一座のことを指したんじゃないかなっていう。だからいま、「俺がストロングスタイルだ」とか「ストロングスタイルとはこうだ」とか言ってるヤツを見ると、「えっ？　何も見てないのによく言えるな」っていつも思う。

――2000年代には「ストロングスタイルの呪縛」とかよく言われましたけど、よく知らない概念に囚われていたんですね。

鈴木　それを言ったのは中邑（真輔）とか棚橋（弘至）でしょ。ひとつも知らないけど、そのイメージや妄想に苦しめられてたんじゃないかと思う。だって、あの時代の「猪木一座」のことなんだから、猪木さんですら再現することができないんだよ。

――たしかに、かつてのIGFが「ストロングスタイル」かと言えば、首を傾げてしまいますよね。

鈴木　だから俺は自分が「ストロングスタイルだ」と言いたいわけじゃないし、この令和の世に「ストロングスタイル」を蘇らせようとしているわけでもない。期間が長い短いじゃなくて、あの時代の新日本プロレス、すなわち「ストロングスタイルを知ってるよ」と胸を張って言えるというだけ。だって新日本に在籍してたのって、日数にしたら700日くらいですよ。でも、その時代を知ってはいるし、俺の身体の中にあの時代に教わったこと、感じたことが残っている。だから、それを伝えていきたいなって思っているだけ。「ストロングスタイル」というユニットを組むと、遅ればせながらまずはそこの誤解から解いていかなきゃいけないな。

――「ストロングスタイル」を名乗っているけれど、「俺たちこそが『ストロングスタイル』だ」とアピールしているわけではないと。いろいろややこしいですね（笑）。

鈴木　勘違いしているヤツらが山ほどいるんで。俺が猪木一座だった時代の新日本に在籍していたのは2年間で、選手としては1年に満たない。だけど、そのあとUWFに行ったのは、間違いなくあの時代の新日本にいたからこそ植えつけられた、俺の中のストロングスタイルがそういう行動を取らせたのは間違いない。

――「ストロングスタイル」に受けた強い影響によるものなわけですね。

鈴木　その後、藤原組を選び、カール・ゴッチさんと出会い、独立してパンクラスを作った。それも俺の中のストロングスタイル。「そんなのは違う」って言われても、「俺の中では」そうなんだから。極論すると、あの時代の猪木一座にいた人がやることは、すべて「ストロングスタイル」なのかなとも思う。でも試合スタイルだけあの頃と同じにしても違うから。それはUWFもパンクラスも一緒。

――というと？

鈴木　「ストロングスタイル」が、あの時代の猪木一座を指すように、UWFもあのファイトスタイルやルールじゃなくて、「人」なんですよ。20代の前田日明がいて、それに続く髙田延彦、山崎一夫。さらに10歳歳上の藤原喜明がいて、二十歳かそこらの俺や船木、安生、宮戸、中野がいて、新人の田村、垣原、冨宅。その人たちが織りなすドラマが「UWF」だったのであって、ほかの人がレガース着けて掌底やったところで同じものにならない。

――あの時代におけるあの人たちの闘いやドラマのことを呼ぶと。たしかに四天王プロレスと同じような試合展開を他人がやっても、それは四天王プロレスじゃないですもんね。あくまで、あの時代の三沢、川田、田上、小橋による闘いの総称という。

鈴木　だから俺とエル・デスペラード、成田蓮で組んだチームを「ストロングスタイル」と名づけたのは、俺たちこそが「ストロングスタイル」だと言ってるわけではないし、ストロングスタイルを蘇らせようとしているわけでもない。でも俺の中であの猪木一座で学んだことや感じたことは何十年も消えることなく残っているし、その精神を伝えていきたいと思ったから「ストロングスタイル」と名づけただけ。

――猪木一座の総称である「ストロングスタイル」を再現することは不可能だけど、あの一座が持っていた精神を伝えることはできるわけですもんね。

鈴木　そして、その猪木一座を肌で知っているのは、いまの新日本のリングに俺しかいないんだから。誰にも文句は言わせないよ。というわけで、今日は「鈴木みのるが考えるストロングスタイル講座」でした！

KAMINODE ISETAN CHECKMATES

プチ鹿島

時事芸人

古舘伊知郎

過激実況家

「古舘さんの難しい言葉やトンチの効いたフレーズを駆使した実況に凄く影響を受けて育ったんです」

「育てた憶えはないんだけどね（笑）。でも鹿島さんの言葉センス、ワーディングも本当に素晴らしい」

収録日：2023年11月7日
撮影：タイコウクニヨシ　構成：堀江ガンツ

あこがれの“猪木の最強語り部”に
“観客席から観る視点を持つ男”が挑む！
これはまさにプチ鹿島、
“人生の大晦日”の様相を呈してまいりました!!

「鹿島さんの本を読んで、言葉センス、ワーディングが素晴らしいと思った。そして当時の俺の〝現在地〟がわかったんです」（古舘）

鹿島　古舘さん、はじめまして。プチ鹿島です。今日はお会いできて本当にうれしいです。

古舘　俺のほうもお会いしたかったんですよ。考え方や切り口に共感したというか、自分と相通じるものを感じていて。今日着ているジャケットもちょっと似てませんか？

鹿島　あっ、本当だ。ただ、柄は似ていても質はだいぶ違うと思いますよ（笑）。

古舘　柄はちょっと伊勢丹の紙袋ふうのチェックで。この柄が被るってなかなかない。令和の伊勢丹事件ですよ！

鹿島　ワハハハハ！　タイガー・ジェット・シンに襲撃されないように気をつけないと（笑）。しょっぱなから本当にうれしいです。

古舘　鹿島さんの本（『教養としてのアントニオ猪木』）を読ませていただきましたよ。

鹿島　猪木さんについて書いた本を古舘さんに読んでいただくなんて、釈迦に説法で恥ずかしいんですけど。

古舘　読んでいてジーンときました。いろんなことを思い出しましたよ。

鹿島　ボクは政治でもなんでもそうなんですけど、すべてのジャンルで「観客席から観る」という視線で書いたり語ったりさせてもらってるんですよ。だから実際に現場にいる方に読まれると、本当に恥ずかしくなってしまうんですけど。

古舘　いや、そんなことないです。俺がまず凄いなと思ったのが、プチ鹿島さんの言葉センス、ワーディングが素晴らしい。これに思わずグッときました。

鹿島　ありがとうございます。でも、それは古舘さんの影響ですよ。古舘さんの実況を聴いて育ったので、難しい言葉やトンチの効いたフレーズとか凄く影響を受けましたから。

古舘　鹿島さんは長野県出身ですよね？

鹿島　はい。

古舘　俺はこの本を読んで、当時の自分の〝現在地〟がわかったんですよ。鹿島さんが小学生時代、まだ長野に基幹ネットがない時代から視聴者としてプロレスを観てくれている人の目線で前半は語られていたじゃないですか。俺は「あっ、俺はそのとき猪木さんに限りなく近いリングサイドの放送席で猪木さんの宣伝活動をやってたんだ」と気づかされたんですよ。それを視聴者として観てくれている少年時代のプチ鹿島さんの目線でこっちを照らしてくれたことで、自分の位置がわかった。だから凄く懐かしくもあり、あらためて勉強になって。「あの当時、俺はこういう仕事をやらせてもらってたんだ」「当時、テレビでプロレスを観ていた人は、俺の実況をこう聴いてくれてたんだ」っていうのを、いちいち確認しながら読ませてもらったんです。

鹿島　うわー、ありがたい言葉です。やっぱりボクは「実際に自分が見てきたものを書きたい」と思ったんです。60〜70年代の猪木さんの名勝負ってたくさんありますけど、それは自分にとっては後づけでビデオや本などで学んだものなので、あえて「80年代のアントニオ猪木」を中心に書こうと。テレビ信州の開局がちょうど1980年で、最初に観たプロレスが、いまでも憶えてるんですけど9月の広島県立体育館での猪木vsスタン・ハンセン、「逆ラリアート」ですから。

古舘　ああ、あの試合ですね。

鹿島　それまでもちょいちょい観てはいたんですけど、ちゃんと正座して観始めたのがその試合だったので。だからボクはこの本で、アナウンサーの方は古舘さんのことしか書いてないんです。ボクは古舘さんの実況で育ったので。それこそ「八面六臂」とか「乾坤一擲」とか、古舘さんの実況のおかげでそういう難しい言葉を小学生時代から覚えることができたんで（笑）。

古舘　俺も知らないうちに誰かから習ってるんだと思いますけどね（笑）。

鹿島　伝承ですね。口伝えというか耳伝えというか（笑）。

「山崎まさよしさんがライブでほとんど歌わなかったことに怒っている人がいますけど、あの現場が見れたことはずっと語れる」（鹿島）

古舘　「自分が見てきたもの」という話でいうと、俺は年齢的にちょっと上だから「60年代の猪木」から観ていたんですね。力道山が元気だった頃の日本プロレスで、まだ若手だった猪木さんをチラチラ観始めて、東京プロレス旗揚げは俺が小学校5年生くらいのときなんですよ。それで友達5人で親からこづかいをもらって、家風呂があっても関係なく銭湯に行くっていうのが我々の夜の楽しみだったんです。

鹿島　その時代の東京の子どもはそうだったみたいですね。玉さん（玉袋筋太郎）もよくおっしゃってました。

古舘　子どもたちにとっては夜の銭湯は社交場になってるんですね。「夜に銭湯で遊んでる」っていうこと自体が大人っぽいんです。だからいま考えると銭湯も水商売だったんですよ。それで金曜日はかならず家でプロレスを観なきゃいけない日なんで、月〜木で銭湯に行ってたんです。そうすると番台の下の木の壁のところに東京プロレスのポスターが貼ってあって、アントニオ猪木が真ん中で、横に筋骨隆々の豊登さんがいて、その他ちょろちょろっとレスラーたちがいると。それが俺の地元の北区滝野川の操作場でやる屋外興行のポスターだった

んですよ。

鹿島　はー、その時代の屋外興行はいいですねえ。

古舘　もう指折り数えて友達とその日を待って、それで当日現場に行ったわけです。いちばんうしろのほうの席で、いまや遅しとアントニオ猪木が登場するのを待っているわけですけど、一向に出てこない。そうしたら暴動が起きて、その興行が飛んだんです。

鹿島　えっ！　あの有名な東京プロレス「リング焼き討ち事件」の現場にいたんですか!?

古舘　そうなんです。あとでわかったんですけど、興行主のプロモーターがお金を払わなかったとか、豊登さんがギャンブル狂いで入ってきたお金を全部つかっちゃってるとかで、猪木さんは毎日試合をやっても一銭も入ってこなくて、途中でやる気もなくなっていたと思うんですよ。東京プロレスはテレビも付いてなかったし。そのイライラが爆発して、猪木さんは試合をやらずに帰っちゃったと思うんですよね。

鹿島　「やってられるか！」ってなりますよね。

古舘　それで大人になって、アナウンサーになってから猪木さんに聞いたんですよ。「ボクはあの現場にいたんですよ。小学校5年生のとき」って。そうしたら猪木さんが「ああ、そうなんですか。とにかくギャラが一銭も入らないし、俺がいなくなっても興行はあるだろうと思って帰ってね」って。それで家に帰ってテレビをつけたらニュースで「板橋で暴動が起きてる」と。

鹿島　事件になっていたんですね（笑）。

古舘　「これはね、古舘さん、ビックリしましたよ」って言って、猪木さんはニカーッと笑うんですよ（笑）。

鹿島　笑うんですね（笑）。

古舘　猪木さんのサービスのときの笑顔ってせつないくらい俺は好きなんですよ。わかります？

鹿島　はい。わかります（笑）。

古舘　自分のダジャレがおもしろくないときでも笑うでしょ。あのアフターケア。あれは人間関係のメンテナンスをしているんですよ（笑）。それで「いやー、ニュースを観て驚きましたよ」ってニカーッと笑って、もうすべてが水に流されるんですね。

鹿島　でも小学5年生の古舘さんは試合が観られなくてガッカリしたと思うんですけど、あの現場にいたことはずっと語れますよね。だから最近、山崎まさよしさんがライブでほとんど歌わなかったことに怒っている人がいるじゃないですか？　高田文夫先生なんかは「あの現場が見れたっていうのをずっと語れるだろ」っておっしゃってるんですけど、その「焼き討ち事件」ものちのちまで語れるという意味で、普通に興行が観られるよりもラッキーとも言えるなって。

古舘　俺もあの日、相反するふたつの「ワクワク」があったんです。ひとつは自分の地元で猪木や豊登の試合が観られるという、現実世界としてのワクワク。もう一方は試合がおこなわれず興行が飛んだことで観客が火を放って、ウワーッと暴動になっているという地元で起きる非日常。そっちにも今度はワクワクしてるんですよ（笑）。

鹿島　地元で暴動は、地元にプロレスが来るより非日常ですよね（笑）。

古舘　ファンタジーを観に来ているのに、現実で非日常の事件が勃発しているわけだから、あの日はもの凄く興奮した記憶があるんです。すべては猪木さんのおかげですよね。だから山崎まさよしさんのあのライブに怒る人の気が知れないと俺は思っていて。

鹿島　普通のライブだったら「今日はよかったね」で終わりですけど、あの日を観た人はずっと語れるわけですもんね。

「俺がしゃべりで脱線したり、裏切ったりをやらなきゃいけないと思うのは、猪木と談志という〝裏切りのど天才〟ふたりがいたから」（古舘）

古舘　俺は立川談志さんにかわいがってもらって、よくお会いしていた時期があって、談志さんの話芸が死ぬほど好きなんで聴きに行ったとき、1回それに出くわしてるんですよ。公演前に楽屋に挨拶に行って、噺を聴かせてもらったあと飲みに行く約束だったんですよ。そこにお弟子さんが来て「師匠、満席でございます。お客様いっぱいのお運びで」って言ったら、談志さんが俺に見栄を張ってくれたんです。「なに、満席？　古舘、帰ろう！　こういう裏筋をなめるサービスもあるんだよ」って言って、本当に帰っちゃった。それで談志さんが毎日行ってた、日比谷の泰明小学校の前にある『美弥』っていうバーがあるんだけど。

鹿島　はい。よくお話に出てきますね。

古舘　そこに行ったら、マヒナスターズの松平直樹さんや中尾彬さんといったもの凄いメンバーと飲んでるんですよ。そうしたら談志さんが俺を横に座らせて、「なあ、古舘。俺だって人の子だよ。やっぱり『満席だ』って言われたら（高座に）上がるわな。そこをあえておめえにも見栄を張って、お客をいい意味で裏切って、こうして出てきたわけだ。そういや、おまえの番組でもスタジオから出ちゃったことが何度かあったよな」って言うんですよ。

鹿島　あえてのドタキャンは、その前に番組でもあったんですか。

古舘　俺がテレ朝のゴールデンタイムでバラエティの司会をやっているときに、談志さんを口説いて番組に出てもらって

古舘伊知郎 × プチ鹿島　KAMINODE ISETAN CHECKMATES

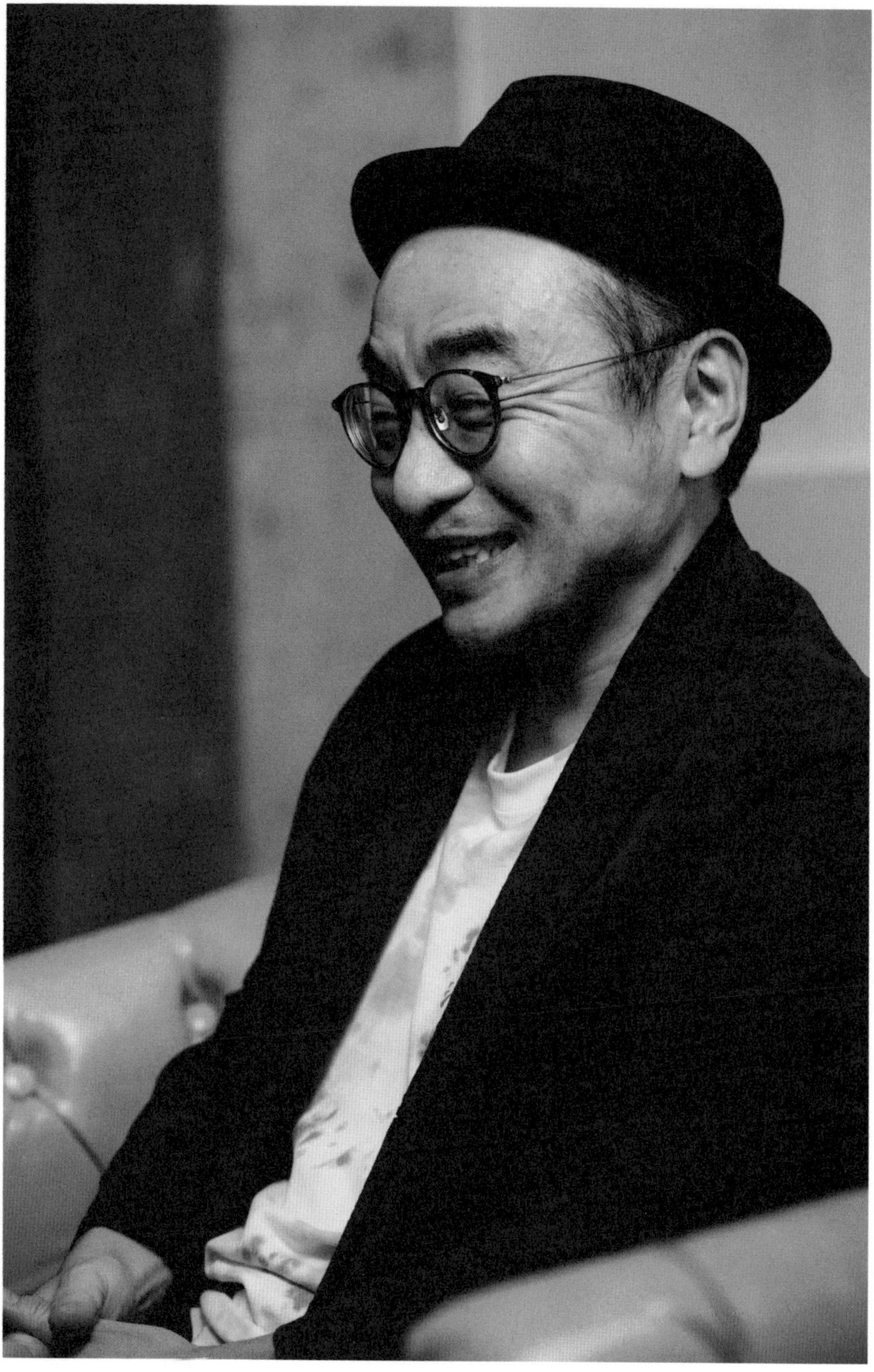

いたんですよ。で、機嫌がいいと帰るんですよ。

鹿島　あっ、逆に。

古舘　横に菊川玲さんが座っていて、菊川さんが話しているときは最後までいるんだけど、機嫌がよくて菊川さんそっちのけでネタみたいな話で盛り上がってくると、俺にこうやって（パンと手を叩く）談志さんが帰っちゃう。それで空席のまま収録が続くんです。要するにあえてのアクシデントプロデュース。アントニオ猪木と一緒ですよ。

鹿島　ふたりとも予定調和が嫌いなわけですよね。

古舘　完全に似てますね。〝裏切りのサービス〟というかね。

鹿島　「裏切られたー！」っていうエンタメですね（笑）。

古舘　裏切られエンタメですよ。でも、これは猪木や談志だからできる。俺はそういうタマじゃないからできないですけど、できないから余計にあこがれちゃうんですよ。だから俺がしゃべりで脱線したり、裏切ったり、こっちの話かと思ったらこっちかっていうのをやらなきゃいけないといつも思うのは、猪木と談志という〝裏切りのど天才〟ふたりがいたからですよ。

鹿島　古舘さんの話術は猪木イズムであり、談志イズムでもあるんですね。

古舘　だから俺がわざと換骨奪胎でフレーズを作ったり、ウケ狙いをやったりしてるのは、そういう要素を猪木さんと談志さんが持っているからでもあるんです。

鹿島　談志さんでいうと、ボクは1994年に東京に出てきて、仕事もないので高田先生の『ビバリー昼ズ』しか聴いていない、いまで言うニートみたいな時期を過ごしていたんですよ。その頃に浅草の木馬館に珍しく談志さんが出ることになって、高田先生がラジオで「来るのかな、来ないのかな～」って煽るんですよ。そこは入場料も安かったんで「じゃあ、初めて寄席に行ってみよう」と思って行ったら、談志師匠が出てきていきなり「ちゃんと来たろ」って言ったらドッとウケたんですね。「ちゃんと来たろ」って言うだけでこんなに笑いがとれる人がいるんだと思って（笑）。だからこのときは、裏切りの逆の裏切りだったわけですよ。

古舘　裏切ることを裏切るわけですよね（笑）。

鹿島　「木馬館って狭くて木戸銭も安いんだから『来ない』っていうのもいいかな」っていう空気もあったんですよ。そうしたら普通に出てきて「ちゃんと来たろ」って言うから、凄く得した感がありましたよ。

古舘　談志さんもプロレスは大好きだったし、俺が知り合ったのは22か23で新人アナの頃ですよ。キラー・カーン、グラン浜田と飲んでいたとき。そのメンツもおもしろいですよね（笑）。

鹿島　新日本でいちばん大きい人といちばん小さい人（笑）。

古舘　渋谷裏通りのスナックで深夜に3人で飲んでいるとき、

店の入り口の階段から降りてきたのが談志さんだったんですよ。ふたりのタニマチをやっていたんですね。

鹿島　あっ、そうなんですか。

古舘　暗がりのスナックで俺の横に座られて、「おめえは誰だ？」って言われて、カーンさんと浜田さんが紹介してくれたんです。「コイツ、がんばってるんですよ。バーッとしゃべるヤツで売れると思いますよ、プロレスで」「そうか」とか言って普通に飲み出して。それで俺が「天才噺家が横にいるなんてこんな千載一遇のチャンスはない！」と思って調子に乗って、「談志さん、私はプロレスの実況もやりたいし、ほかのスポーツ実況の実況もやりたいし、歌番組の司会とかもやりたい。とにかくいろんなしゃべりで売れたいんです」って言ったら、「馬っ鹿だな、おめえは」と。

鹿島　ダメ出しが始まったわけですか。

古舘　「おめえはいまプロレスの実況をやってんだ。その若さでメインかい。おめえは運がいいんだよ。そこのひとつの道で5年、10年やってからでも遅くない」って、もの凄くオーソドックスなことを言ったんです。「天下の談志さんがそう言ってくれるんだったら、俺はプロレス実況の道をまっしぐらでいこう」と思ってやったら売れたので、だいぶ経ってから談志さんにその話をしたら、「なっ！　だから言わんこっちゃねえんだよ。俺はそういうところを見てるから」って言うんですけど、憶えてないと思うんですよね（笑）。

「人の悪徳をどれだけ許せるかっていうのは、いまの世の中にいちばん足りないところだと思うんです」（鹿島）

鹿島　でも鮭が川に戻ってくるように、売れた人にはそういう話をして、ほうぼうで談志師匠の株が上がるわけですよね（笑）。

古舘　結果、伝説になるんですよ（笑）。だからおもしろいですよね。あと鹿島さんの本の話に戻すと、引用されていた「個人の悪徳は公共の利益」という言葉が素晴らしかった。俺はこの言葉を知らなかったけど、胸にグッと入ってきましたね。

鹿島　ボクは大学時代に、たしか西部邁さんの本を読んだときに見つけたんですよ。当時『朝まで生テレビ』が好きだったんですけど、西部邁派、大島渚派だったら絶対に大島渚派だったんです。西部邁はなんか屁理屈で、嫌なオヤジだなと思って。

古舘　もの凄くシニカルだしね。

鹿島　そうなんです。それで嫌すぎて、大学の本屋さんで西部さんの簡単に読めそうな新書を見つけたとき、「じゃあ、つっこんでやろう」と思って読んでみたら、屁理屈を理論立

てやってるからおもしろくて。「個人の悪徳は公共の利益」は、そこに書いてあった18世紀の経済学者の言葉なんですよね。

古舘　俺は猪木さんを語るときのワードとして、素晴らしいと思ったんです。

鹿島　ボクも「猪木さんを表現するのはこれしかないな」と、ずっと思ってたんですよ。

古舘　「悪徳」っていうのはキーワードですよね。この前、俺と玉ちゃんが対談した号の『KAMINOGE』を読んだら、ターザン山本がいいことを言ってて。「猪木の毒を抜いて、都合よく語る人間が多すぎるんですよぉ！」って、あの調子で言ってるのを読んだとき、俺なんか自意識過剰だからハッとさせられてね。「ああ、俺は猪木の毒を抜いて、都合いいことばっかり語っていたんじゃないか」って。

鹿島　俺のことを言ってるのかと。

古舘　猪木さんが亡くなってから、猪木さんを賛美したい、故人の良い部分を語って知ってもらいたいっていう気持ちがあるんですよ。それは本気で言っていてウソではないんだけど、たしかに猪木のいいところばっかり言おうとしていたんです。勇ましいところ、たくましいところ、ロマンティストなところ。ところがターザン山本はやぶにらみで「そんないいところばっかりじゃないんですよ。猪木っていうのは魔物ですよ。病魔なんですよ！」「だから我々は猪木病から治らな

いんだよぉ！」みたいな言葉があの口調で書かれていたときに、もの凄くハッとさせられて。
鹿島　でも本当にそうですね。
古舘　鹿島さんの本は、猪木さんの凄いところだけじゃなく、事業で借金地獄だったことや政界でのスキャンダルなど、善と悪の両方が入っている。やはりプロレスラー・アントニオ猪木もベビーフェイスとヒールの両面を持っていたから魅力的で、その奥行きにみんなグッときたわけで。ターザン山本から見ても鹿島さんは合格で、俺は落第だなって（笑）。そういう意味でも、あの本は自分に刺さったんですよ。
鹿島　いや、でもボクは古舘さんに育てていただきましたから（笑）。
古舘　育てた憶えはないんだけどね（笑）。
鹿島　人の悪徳をどれだけ許せるかっていうのは、いまの世の中にいちばん足りないところだと思うんですよ。ちょっとしたことで、みんなキーッとなっちゃうわけじゃないですか。
古舘　善か悪かの二元論でね。さっきの山崎まさよしさんの話もそうだけど、歌った曲が8曲だったら、今日はそういうプログラムだと思えばいいじゃないか。「前に来たときは何曲だった」とか、曲数で何をデータ分析してるんだって話じゃないですか。
鹿島　プロレスを試合時間や試合数だけで語るようなことで

すよね。

古舘　８曲歌って、あとは二度と聞けないようなダラダラしたオチがないトークを聞けたっていうのは、ファンならそれも噛み締めて、自分のなかでメロディを再構築しろって話ですよ。

鹿島　さっきの談志師匠の話もそうですけど、５年後も10年後も「あれを現場で見た」って言えるわけですもんね。

古舘　猪木さんの試合が名勝負ばかりだったかといえば、暴動になるような試合もあったわけで。その両方をファンは何十年も語っているわけじゃないですか。だから俺は鹿島さんが「悪徳」というワードを出してくれたことが、猪木信者側からすると、同じ信者同士でありがたいんですよ。

鹿島　猪木さんが自分のために張り切れば張り切るほど、それは公共の利益になるっていうのは本当に思いましたね。

古舘　猪木さんは結果として、裏切りも含めて蓋をされない人たちがやりたいことの代理行為をやってくれたと思うんですよ。

鹿島　そうですね。

古舘　なので「悪徳」っていうワードで今後は猪木さんを語っていくべきだなって思いますね。だって「悪徳」って「悪」と「徳」が入っているんですもんね。

鹿島　かならずしも「悪」ではないという。それを「野心」とかに変えたらいいと思うんですよ。

古舘　本当にいい言葉と目線をくれたなと思いますよ。

鹿島　いやー、ありがとうございます！

「いままでは急ごしらえのつまんないフレーズを言ったりして取り繕っていたけど、それを言わなかったらもの凄く気持ちよかった」（古舘）

古舘　そういえばこのあいだ、高田文夫さんにお会いしたんですよ。

鹿島　そうなんですか？　ボクはきのう『ビバリー昼ズ』に呼んでいただいて。

古舘　えっ、きのう？

鹿島　きのうです。本番前に雑談させてもらったとき、高田先生に「おまえ、本当にプロレスが好きだな」みたいなことを言われて、その流れで古舘さんの話が出て。「おまえは古舘と会ったことがないのか？」って聞かれたんで、「いや、会ったことないんですけど、じつは明日会うんです」って言ったら「よかったじゃねえか」ってなって。

古舘　本当ですか？　きのうの今日で凄い偶然だな（笑）。

鹿島　そうなんです。それでラジオ本番の最後のほうで、高田先生に「でも明日はあれだろ、古舘と会うんだろ。今日は俺と会って、明日は古舘と会って、おまえはいつ死んでもいいな」みたいな感じのことを言われて、ボクも「本当に人生の大晦日です。では、みなさん良いお年を！」で本番を締めたんですけど（笑）。

古舘　いま、なんで高田さんの話をしようかと思ったかというと、何週間か前にナイツのラジオに呼ばれて、ふたりの芸風は好きなんですけどよく知らないから、「なんで俺を呼んだの？　何を話せばいいのかな」って、嫌じゃないけどとまどいながら行ったんですよ。そうしたら13時台のゲストが俺で、高田さんが14時台なんですよ。俺は高田さんにスイッチするっていうだけでノッちゃって、行き当たりばったりでしゃべりまくってね。

鹿島　マッチメイクの妙ですね。試合順を見てスイッチが入って（笑）。

古舘　それで最後のほうで、ニッポン放送の若いディレクターが「今日ここにいるブースの中の雰囲気を、古舘さんにキャッチフレーズで」って言ってるのがイヤホンから聴こえてきたんですよ。ナイツと3人でワーッとしゃべってるのに「そんな急に言われても……」って思うわけじゃないですか。で、そこからあわてて考えてスベるのも嫌じゃないですか。

鹿島　嫌ですね。むちゃぶりですもんね。

古舘　なので無視していたんですよ。そうしたら今度はナイツのふたりに「古舘さんからフレーズもらって」って言ってるのが聴こえてきてイラッとして。ディレクターの指示だから、ナイツの土屋さんが「古舘さん、この雰囲気を最後はキャッチフレーズで」って言ってきたんで「ハッキリ言わせていただきます。ないです！」「そう簡単にひねり出せるものじゃねえんだ、この野郎！　なんだあのディレクターは！」って言ってやったんですよ（笑）。

鹿島　ワハハハハ！　まさに裏切りのエンターテインメントですよ（笑）。

古舘　「コスパ取りゃいいってもんじゃねえんだ。ないったらないの。そんなすぐにフレーズが出てくる天才だったら苦労しないよ！」って言って、それで終わったんですよ（笑）。

鹿島　簡単にやると思ったら大間違いですよね（笑）。

古舘　もの凄く気持ちがよかったんですよ。変に取り繕わずに「ない！」って言うね。その容赦なくキャンセルするところに猪木と談志の美学が入っていると。

鹿島　それは最高じゃないですか。

古舘　なんかいままでは取り繕っていたんですよ。急ごしらえのつまんないフレーズを言っちゃったりしてさ。それをいっさい言わなかった自分がうれしくて。それでスイッチするとき、阪神タイガースのユニフォームを着た高田さんとすれ違ったら、「いやー、ふるたっちゃん！　最後のやつよかったよ！」

とか、いろいろ話しかけてくれてね。「先生、もう本番始まるから早く行ったほうがいいよ」って言ってるのに「ふるたっちゃん、『アントニオ猪木をさがして』って映画をきのう観たんだよ！　なんにも探せねえよ、この野郎」とか言い出して（笑）。

鹿島　ワハハハハ！　じつはきのうもオンエア前からその話で盛り上がっていたんですよ。

古舘　じつは俺のところにも話が来ていたんですよ。話が来た時点で映画の構成は決まっていたんですけど、猪木のルーツを探しにブラジルに行って、オカダ・カズチカが語って、棚橋弘至が語って、神田伯山が巌流島をやると。そのときに目を閉じて考えて、猪木さんがよろこんでくれるなら俺はやるべきだと思ったんだけど、猪木さんが例によってニカーッと笑う映像が頭に浮かんだから、俺は生意気だけど断らせてもらったんですよ。

「あの映画に出ていなかった人のことが気になったので、だからじつは『古舘伊知郎をさがして』でもあると思うんですよ」（鹿島）

鹿島　やっぱりアンチ予定調和ですね（笑）。

古舘　断った手前、俺は完成した映画は観ていなかったんだけど。そうしたら高田さんが「ふるたっちゃん、あれ観たかよ？」って怒ってて。

鹿島　きのうもオンエア前に先生に感想を聞かれました。「友人の間では不評です」って答えたんです。そして本番の最後のほうで、リスナーからボクに「あの映画について一言」っていう質問が来たら、高田先生が「おまえ、放送で言える範囲でな」って振るんですよ。それってもう散々悪い話をしたっていう行間があるじゃないですか（笑）。

古舘　オンエアに乗らないところで、どんな話をしていたか想像できる（笑）。

鹿島　そこでボクは、良かったか悪かったかの二元論じゃない話をしたんです。「いやー、あれも猪木さんらしい映画ですね。100点の映画より、ずっと『あれってなんだったんだろう？』って語れる。猪木さんの晩年の試合ってそうじゃないですか。やっぱり映画になっても、のちのちまで語れるのが猪木さんですね」っていう。

古舘　ちゃんとマッチメイクはしたわけですね（笑）。

鹿島　ここだけは藤波イズムで、しっかりと試合を成立させました（笑）。

古舘　鹿島さんのそこは偉いし、もしかしたら本当に猪木さんらしい映画なのかもしれない。猪木さんのまわりにいると、本当にとんでもないことがいろいろ起こるし、裏切りもあるから。『アントニオ猪木をさがして』というタイトルで、全然探せてないっていうのも猪木さんらしいのかもしれないですね。

鹿島　その妙に引っかかるところがあるのが猪木さんですよね。それこそ大技の応酬が展開されるカウント2・9のプロレスは、その場で盛り上がって観た直後は「おもしろかった!」って思っても、すぐに忘れちゃうじゃないですか。でも猪木さんの場合、「あのザワザワした試合ってなんだったんだろ?」ってずっと心に引っかかって、結果、のちのちまで語り続ける。そういう意味では〝猪木映画〟なのかなっていうことはラジオでそれとなく言っておきました(笑)。

古舘　俺なんか出演を断っておきながら気にはなって、インターネットで感想のコメントばっかり見てるんですよ。それで「もっと試合映像を観たかった」とか、そういうコメントの中に混じって「ここは昔から猪木を知っている村松友視、古舘伊知郎、反旗を翻した長州力、前田日明、このあたりのコメントがなけりゃダメでしょ」っていうコメントを見つけてジーンときてるんですよ。最低の人間ですよ(笑)。

鹿島　あの映画に出ていなかった人のことが気になるんですよね。だからあの映画、じつは『古舘伊知郎をさがして』でもあると思うんですよ。

古舘　そんなことはないでしょう(笑)。

鹿島　だってボクも観ながら、「あれ? 古舘さんは出てこないのかな?」って思いましたから。お断りになったとか、そういう話は知らなかったから、「藤波さんや藤原さんが出てるんだったら、本当に近い人で古舘さんが出てこないとおかしいよな」っていうのはみんな思ったはずですよ。

古舘　俺は完全に敵前逃亡ですからね(笑)。でも、こうやって話すことも、鹿島さんのこの本を読むことも、映画のことから何から全部が猪木さんへの供養だと思っているんです。

鹿島　そうですね。ボクらができることって語り継ぐことだと思うんですよ。そして、いつまでも語り尽くせないのがアントニオ猪木だと思いますから。

(次号、後編へ続く)

古舘伊知郎（ふるたち・いちろう）
1954年12月7日生まれ、東京都北区出身。フリーアナウンサー。古舘プロジェクト所属。
立教大学を卒業後、1977年にテレビ朝日にアナウンサーとして入社。同年7月に新日本プロレスの実況中継番組『ワールドプロレスリング』担当に配属され、8月19日放送の越谷市体育館での長州力VSエル・ゴリアス戦で実況デビューを果たす。以降は「過激実況」「古舘節」と形容されたハイテンポな語り口と独特な言い回しで絶大な人気を誇り、アントニオ猪木および新日本プロレスの黄金期を支える。1984年6月にテレビ朝日を退社してフリーアナウンサーに転身。1987年3月に『ワールドプロレスリング』の実況を勇退する。1989年からフジテレビのF1放送や競輪における特別競輪（GI）決勝戦の実況中継などで人気を博し、『夜のヒットスタジオDELUXE』や『NHK紅白歌合戦』の司会を3年連続で務めるなど司会者としても異彩を放ち、NHKと民放キー局5社ですべてレギュラー番組を持つこととなる。2004年4月より『報道ステーション』のメインキャスターを12年間務め、現在も自由なしゃべり手として活躍し続けている。

プチ鹿島（ぷち・かしま）
1970年5月23日生まれ、長野県千曲市出身。お笑い芸人。コラムニスト。映画監督。
大阪芸術大学芸術学部放送学科を卒業後に上京し、いくつかのお笑いグループでの活動を経て、2003年にバカ野坂と『俺のバカ』を結成。2007年9月に野坂が脱退したことに伴いピン芸人として活動を開始する。時事ネタを得意としており、“時事芸人”を自称し、新聞14紙を読み比べ、スポーツ、文化、政治と幅広いジャンルからニュースを読み解くことを得意としている。2019年に「ニュース時事能力検定」1級に合格。2021年より「朝日新聞デジタル」コメントプラスのコメンテーターを務める。2023年2月18日、ダースレイダーとともに監督・主演したドキュメンタリー映画『劇場版 センキョナンデス』が公開される。レギュラー番組は『東京ポッド許可局』『プチ鹿島の火曜キックス』『プチ鹿島のラジオ19××』「鈴木哲夫の永田町ショータイム』など。著書に『ヤラセと情熱 水曜スペシャル「川口浩探検隊」の真実』（双葉社）『芸人式新聞の読み方』（幻冬舎）『教養としてのアントニオ猪木』（双葉社）などがある。

教養としての

HENTAIZADANKAI

玉袋筋太郎の変態座談会

TAMABUKURO SUJITARO

"元 WWF ライトヘビー級王者"

AKIRA TAUE

TAKAみちのく

「コイツ宇宙人か」と長州力も飛んだ!『SUPER J—CUP』での大躍進みちのくプロレス、WWF、新日本と渡り歩いた青き孤高のテクニシャン!!

収録日:2023年11月9日　撮影:橋詰大地　構成:堀江ガンツ

[変態座談会出席者プロフィール]

玉袋筋太郎（1967年・東京都出身の56歳／お笑い芸人／全日本スナック連盟会長）

椎名基樹（1968年・静岡県出身の55歳／構成作家／本誌でコラム連載中）

堀江ガンツ（1973年・栃木県出身の50歳／プロレス・格闘技ライター／変態座談会主宰者）

※今回、椎名はU-NEXT視聴に夢中のため欠席。

[スペシャルゲスト] TAKAみちのく（たか・みちのく）

1973年10月26日生まれ、千葉県四街道市出身。プロレスラー。JUST TAP OUT代表。高校を卒業後、ユニバーサル・プロレスリングに入門。1992年9月4日、スペル・ティグリート戦でデビュー。その後1993年3月に旗揚げ戦をおこなったみちのくプロレスに移籍する。1994年4月16日、新日本プロレス主催『SUPER J-CUP』、6月の『BEST OF THE SUPER Jr.』に出場して一躍人気を博す。1997年、WWFのトライアウトに合格して同団体に参戦。初代WWFライトヘビー級王者（復活版）になるなどして活躍。2000年10月、プエルトリコに日本人プロレスラー養成道場「KAIENTAI DOJO」を設立。2002年3月にWWFを退団して以降、KAIENTAI DOJO、全日本プロレス、プロレスリング・ノア、DRAGON GATE、新日本プロレスなどに参戦。2019年4月にプロフェッショナルレスリングJUST TAP OUTを設立し、現在も後進の育成とともにプロレス界の第一線で活躍中。

adidas

「ユニバーサルの最後はジムに行くカネもないんで、みんな公園に行って鉄棒で腹筋やったり懸垂をやってました」(TAKA)

玉袋　今日はTAKAみちのく選手がゲストってことで、今回だけ俺も「TAMAみちのく」改名しようかな、と。

ガンツ　玉さんの場合、「みちのく」は関係ないでしょ（笑）。

TAKA　ボクも海外なんかでは誤植で「TAMA」とか「TAKO」とかありましたよ。

玉袋　ダハハハ！　TAKOみちのく！　うまそうだな（笑）。

TAKA　メキシコなんかはよくありました。

ガンツ　デビュー当時から観ている我々世代からすると、TAKAさんは若いイメージがありますけど、もうキャリアは30年選手なんですよね？

TAKA　デビューから31年が過ぎて、年齢も50歳です。

玉袋　見えねえよ！　コンディション抜群じゃないですか！　いやいや、あっという間ですね。スタートはみちのくプロレスでしたっけ？

TAKA　いや、みちのくの前にユニバーサル（レスリング連盟）に入ってデビューして、そこからすぐみちのくに上がるようになって。

玉袋　ユニバーサルか！　いまや伝説の新間ジュニアがやってた団体か。

ガンツ　ユニバーサルに入るきっかけは何だったんですか？

TAKA　さかのぼれば高校生のときなんですけど。ボクは盛岡工業高校で、プロレスラーになるためにレスリング部に入ってたんですけど、身長が低かったので何か方法はないかと考えていたんですよ。そうしたらあるとき、プロレス雑誌にユニバーサルの入門テストの告知が出ていて、しかも身長の規定がなかったんです。当時、プロレス団体に入るためには「身長180センチ以上」が当たり前の時代だったんで、「これだ！」と思って。

ガンツ　ユニバーサルができたときって、新日本、全日本、UWF、FMWくらいしかない時代ですもんね。

TAKA　それで、受けるだけ受けてみようと思ったんですよ。いちおう親にも言ったら、「どうせなれるわけないから、やるだけやってみなさい」って言われたんで、盛岡から夜行で上京して入門テストを受けて。高校卒業後にそのまま入ったんです。

玉袋　へえ！　一発で合格ですか。テストは普通にこなせたんですか？

TAKA　テストはスクワット500回と腕立て何セットとかだったんですけど、自分の高校のレスリング部はめちゃくちゃ厳しいところだったんで、スクワット500回やるのは初めてだったんですけど、それはクリアできて。そのときの試験官にいまの邪道と外道がいましたね。
ガンツ 当時のパニクラですね。
玉袋 元たけしプロレス軍団（TPG）ですな。
ガンツ 入門後、練習はどうしていたんですか？ ユニバに道場はないですよね。
TAKA 当時はなかったんで、目黒の全日本女子プロレス道場を週1回借りて練習してましたね。
玉袋 リング練習ができるのは週に1回だけだったんですか！
TAKA そう、1回だけ。
玉袋 それで、みんなあれだけのルチャの動きができたっていうのがすげえな。全女の道場は天井が低いイメージあるし。
TAKA あそこは天井が低いだけじゃなく、リングが小さくて、マットが固いんですよ。あまり弾まなくて、受け身をとるとめっちゃくちゃ痛いんです。
玉袋 過酷な練習場なんだな～。コーチは誰だったんですか？
TAKA いまのディック東郷さんとかが教えてたんですけど、あの人も破天荒な人なんで、普通の受け身じゃなくて、いきなりトップロープからセントーンとかやるんですよ。
玉袋 固いマットでトップロープからセントーンって、あぶねえよ！
TAKA でも、あの人が率先してやるから自分らもやらなきゃダメじゃないですか？「最初にこれをやっとけば、なんでも大丈夫だから」とか言って、デビュー前からなかなかハードなことをやってましたよ。
玉袋 すげえな～。ほかの団体なら道場と合宿所があって、衣食住には不自由しないけど、ユニバーサルはそれがないわけじゃないですか。やっぱりバイトしながら練習だったんですか？
TAKA もちろん。ユニバーサルは月に数試合しかなかったから、日雇いのバイトして1日汗だくになって1万円を手にして。その1万円で安い米を大量に買って、スーパーの安い惣菜をおかずに米を3合とか食べてましたね。身体づくりの知識なんかないから、とにかく米を食えば身体をデカくできると思って食ってたんですけど、全部ウンコになるだけでした（笑）。
玉袋 ワハハハ！ でも米代を稼ぐところからやるんだから逞しいよ。
TAKA で、ジムに行くカネもないんで、公園に行って鉄棒で腹筋やったり懸垂をやってましたね。ユニバーサルの最後はみんなそんな感じです。

PROFESSIONAL WRESTLING

「当時、いちばん嫌いだった先輩はグレート・サスケです。だいたい邪道さん、外道さんって言う人が多いですけど」（TAKA）

玉袋　誰だっけ、マクドナルドの深夜の掃除バイトをしていたのは？

TAKA　それはサスケ会長です。深夜は時給が高いってことでやってて、マックの冷凍庫で凍ったハンバーグを盗み食いしてたとか、いろんな伝説がありますね（笑）。

玉袋　いまならネットで炎上してるな（笑）。

ガンツ　サスケさんや邪道、外道はユニバの最後の頃、すでにメインを張ってましたけど、食えないのはメインイベンターも新人も同じだったんですね。

TAKA　みんなそうだったと思いますよ。それを見かねたサスケ会長が、自分たちで食えるようにしようということで、みちのくプロレスを立ち上げたので。

玉袋　やっぱり、みちのくを作ったときは新間代表とバチバチになったりしたんですか？

TAKA　たぶんそうですね。自分は下っ端だったので、どんな感じだったかはよくわかってないんですけど。あと、自分は新間さんにかわいがられていたほうなんで、先輩たちに恨まれましたよ。デビューも入門して3〜4カ月ですぐ決まったんで、「おまえは代表に気に入られてるからいいよな」とか、冷たい言葉を浴びてましたよ。

玉袋　へえ！　それは誰が言うんですか？

TAKA　まあ、いちばん嫌だったのはグレート・サスケですよ。

玉袋　ガハハハ！　サスケ社長なんだ（笑）。

TAKA　あの人は下積みが長くて凄く苦労してデビューしたんで、同郷のボクがほぼ下積みなくデビューしたことに対してムカついてたんでしょう。

ガンツ　TAKAさんがデビューした頃のユニバは日本人選手も揃っていて選手不足でもなかったのに、なんでそんなすぐにデビューできたんですか？

TAKA　メキシカンが急にひとり来られなくなったんですよ。それで「TAKA、おまえレスリングやってたんだからプロレスできるよな？」って言われて、できるわけないのに「できます」って言っちゃったんで。それで3カ月でデビューだったんですよ。

玉袋　すげえ！

TAKA　でも、サスケ会長から「なんでおまえみたいな身体もできてないヤツがデビューできるんだ！」「代表からセコンドに付けって言われたけど、俺は付かねえからな！」って言われたのを憶えてますよ（笑）。

玉袋　サスケ社長、カテェ！（笑）。
TAKA　だから当時、いちばん嫌いだった先輩はグレート・サスケです。だいたい邪道さん、外道さんって言う人が多いですけど。
玉袋　もともと菅原文太さんの付き人だった新崎人生さんは先輩になるんですか？
TAKA　歳はぜんぜん上なんですけど、入った年は一緒なんで同期です。
玉袋　へえ、そうなんだ！
TAKA　新崎人生、MEN'Sテイオー、カズ・ハヤシとか、そのへんは同期ですね。
ガンツ　新崎さんも最初はマスクマンでしたもんね。
TAKA　モンゴリアン勇牙ですね。
ガンツ　あのへんのリングネームは誰が付けたんですか？
TAKA　ユニバーサルの新人のリングネームは、すべて新間代表の趣味とセンスですね。
玉袋　平成の豊登だな。
ガンツ　TAKAさんは「TAKAみちのく」というリングネームを付けられたとき、どう思いました？
TAKA　最初は「え？」って思ったんですけど、とりあえずデビューできるならなんでもいいやと思って。「ある程度有名になったら変えてやろう」って思ってたんですけど、もうなんかめんどくさくなっちゃって、31年そのままでやってます（笑）。
ガンツ　名前だけじゃなくて、コスチュームもサスケさんのデビュー当時のキャラ「MASAみちのく」と一緒ですよね。
TAKA　新間代表から「まったく同じ格好でやれ」って言われたんで、コスチュームなんかも自分で浅草に買いに行きましたね。
玉袋　浅草に大衆演劇の小道具を売ってる店があるんだよね。
TAKA　けっこう行きましたね。三度笠がすぐボロボロになるんで。
ガンツ　コスチュームはみんな自腹なんですか？
TAKA　ほかの人はわからないですけど、たぶんそうだと思います。お金はもらえないもんだと思ってたんで。それでも「プロレスラーになれればいいや」って感じだったんですよね。
玉袋　お金はもらえないことが前提っていうのが凄いよね。どこに入ってたんだ、そのカネは？
TAKA　メキシカンが毎シリーズたくさん来てたんですよ。彼らの飛行機代、ホテル代なんかは相当かかっていたと思います。当然、ギャラもメキシカンにはちゃんと払ってるわけですからね。それで失くなっちゃったんじゃないですか。

「地方のご当地プロレス団体ってみちプロが最初だからね。すげえ斬新で『何が始まるんだ?』ってワクワクしたよ」(玉袋)

玉袋　ロス・ブラソスとかケンドーとかよかったもんな～。知り合いがリングアナをやってたから、よく観に行ったもん。マグナム北斗なんだけど。

TAKA　ああ、マグナムさん、やってましたね。

玉袋　ブラソスなんてめちゃくちゃおもしろかったからね。一時のダチョウ倶楽部よりおもしろかったかもしれないな。

ガンツ　ダチョウさん、ブラソスのネタをけっこうパクってますよね。あのケンカしてキスして仲直りとか、もともとブラソスがやってたものですもんね。

TAKA　ああ、そうなんですか。それは知らなかったです。

玉袋　ダチョウ倶楽部もプロレスファンだからね。肥後さんなんかもよく会場来てたし。そういうのを見たんだろうな。

ガンツ　ダチョウ倶楽部もブラソスも3人芸ですからね。

玉袋　でも、そっからみちのくプロレスを旗揚げするのにもお金がかかると思うけど、サスケさんが借金したのかな?

TAKA　最初、サスケ会長のお父さんが副社長だったんですよ。だからお父さんの社会的信用じゃないですかね。

玉袋　そっか。マクドナルドの深夜バイトじゃ、銀行も貸してくれねえか(笑)。

TAKA　それで自分はデビューしてすぐにサスケ会長から「一緒にやらないか?」って言われたんですよ。大っ嫌いだった先輩と初めてまともな会話をしたのがそれで、「自分でよければ一緒にやらせてください」って言ったんです。そこから岩手にまた引っ越して、旗揚げ準備に取りかかったんですけど、サスケ会長はちゃんとぺーぺーの自分にも固定の給料をくれたんですよ。あの当時、プロレスだけで食べていけるだけのものを保証してくれたんで、そこからはサスケ会長に対して、もう感謝しかないですね。

玉袋　それは立派だね。固定の人件費っていうのは経営する側からしたらいちばん大変なんだから。

ガンツ　しかも、みちプロは最初からそこそこ人数がいましたもんね。

TAKA　そうですね。「(ユニバーサルから)来るっていう人はみんな抱える」って言っていて。邪道さん、外道さんはメキシコに行くってことでこっちには来ませんでしたけど、サスケ会長の先輩にあたる(スペル・)デルフィンはこっちに来ましたから。

玉袋　でも、いまでこそ地方のご当地プロレス団体ってたくさんあるけど、みちのくが最初だからね。すげえ斬新で「何が始まるんだ?」ってワクワクしたよ。

TAKA　自分もワクワクしたんですよ。あらゆるエンターテインメントが東京中心なのに、あえて東北でやるって聞いて「なんておもしろいことを考えるんだ」と思って。「これは成功するな」って直感で思いましたね。

玉袋　勝算があったんだ。

TAKA　でもプレ旗揚げ戦は大コケして、その理由は自分にあるんですよ。

玉袋　何をしたんですか？

TAKA　自分は当時から、サスケ会長は東北、盛岡では超有名人だと思い込んでいて、いろんなところでそう言ってたんですよ。そうしたら会長もその気になって、プレ旗揚げ戦で岩手産業文化センターっていう、最大8000人入る会場を押さえちゃったんです（笑）。

玉袋　岩手で8000人は凄い！　そこが埋められるなら、東京なら日本武道館だって満員にできるよ（笑）。

TAKA　「札止めは難しいとしても、絶対に4000〜5000人は入るよ」みたいなことを言ってたのに、いざ蓋を開けてみたら全然チケットが売れなくて、1000人いくかいかないか。超有名人だと勝手に思っていただけで、全然知られてないってことを、そこで気づいたんですけどね（笑）。

玉袋　相当赤字も出たんだろうな。いきなり団体存亡の危機だよ（笑）。

TAKA　でもプレ旗揚げ戦で大コケしたことで「地道にコツコツやっていこう」っていうことになって、4カ月後の1993年3月におこなわれた正式な旗揚げ戦は、のちに「聖地」と呼ばれるようになる矢巾町民体育館でやって、大成功だったんです。

玉袋　最初から成功しちゃってたら、調子に乗って大会場を次々と押さえちゃって、それこそすぐに崩壊してたかもしれないな。そういう意味ではみちプロは持ってるってことだよ。それを若くして社長レスラーでイチから始めたサスケさんはやっぱり凄いね。

ガンツ　マスク姿でずっと営業をまわってたんですもんね。

TAKA　自分が運転して一緒にやってましたね。あの人はそれを楽しんでたんですよ。スーツ着て、マスクかぶって営業まわったりするのを。あれは間違いなく目立つし、メディアにも取り上げられる。なるべくしてなったのかなって思いますね。

「インディーが両国国技館に進出すると、そっから落ちるんですよ。2年連続でやったみちのくもバトラーツも両国がピークだった」（TAKA）

玉袋　夢がデカいからね、あの人は。宇宙サイズで行くからさ。リアル宇宙パワーだから。UFOもよく見るしさ。

ガンツ　で、みちプロが軌道に乗ったら、すぐリムジンを買っちゃって（笑）。
玉袋　わかりやすいんだよ、成り上がり方が。でもおもしろかったよ、そこは。なんか風車に突っ込んでいくドン・キホーテな感じがあったよね。
ガンツ　みちのくプロレスは最初、サスケさんとTAKAさんのふたりだったんですか？
TAKA　いや、自分とサスケ会長と、いまはどっかに行っちゃったヨネ原人。それといま広島でジムをやっている中島半蔵の4人でしたね。で、亡くなったウォーリー山口さんもアドバイザー的に来てもらって。
玉袋　ああ、ウォーリーさんもいたなあ。
TAKA　その流れでウォーリーさんはレフェリー兼デルフィン軍団の悪役マネージャーみたいなことをやってましたね。
ガンツ　最初は外国人もけっこう呼んでましたよね。
TAKA　旗揚げ当時はまだユニバーサルとつながってたんで、ユニバーサルのシリーズが終わったあとにそのままメキシカンがみちのくにも来てたんですよ。でも完全に分かれてしまって、「メキシカンがいない、どうしよう」ってなったときに、日本に住んでいたウィリー・ウィルキンスJr.が外国人としてレギュラー参戦しましたね。

玉袋　そうだ。藤原組からなぜかみちのくプロレスに来て、ヨネ原人と抗争し始めたんだよな（笑）。

ガンツ　初期の名物カードですよね（笑）。

玉袋　そっから、みちプロがブレイクするのは、けっこう早かったですよね。

TAKA　早かったです。でもガーッと急激に上がったんで、落ちるのも早かった。これ、みちのくとバトラーツに共通して言えることなんですよ。

玉袋　ガハハハ！　サスケ社長と石川（雄規）社長はそのへんも共通してるっていうね。

TAKA　インディーが両国国技館に進出すると、そっから落ちるんですよね。みちのくは2年連続やって、そこをピークに落ちていって。バトラーツも両国がピークでしたね。

玉袋　みちのくの両国は『竹脇』か。ちょうど藤波さんが「無我」って団体を立ち上げたばかりだから竹脇無我で『竹脇』っていうね。笑ったよ、あれ。

ガンツ　社運を賭けた大会の名称がダジャレという（笑）。

TAKA　あの両国が終わってから一気に崩れていきましたね。

玉袋　みちのくがブレイクするきっかけが、『SUPER J－CUP』（1994年4月16日、両国国技館）ですよね？

TAKA　『SUPER J－CUP』ですね。

ガンツ　あの大会は画期的でしたよね。あの新日本がインディーにも門戸を開いて、団体の垣根を超えてジュニアのトップクラスが勢揃いしてのワンナイト・トーナメントという。

TAKA　本当に（獣神サンダー・）ライガーさんのおかげですね。ライガーさんが音頭を取って『SUPER J－CUP』が開催されていなかったら、我々の知名度が一気に上がることなんか絶対にありませんでしたから。

ガンツ　開催されるタイミングもよかったですよね。多団体時代になり、各団体にいろんな才能あるレスラーがいて、『SUPER J－CUP』によって多くのファンの目に触れる機会が生まれて。

玉袋　やっぱり新日本のリングに上がるっていうのは緊張しました？

TAKA　いや、自分はデビューしてから、レスラーとしての最終目標が「1回でいいから新日本に出たい」ということだったんですよ。それぐらい新日本のリングはインディーの選手にとって敷居が高かったんですけど、それがデビュー1年半で実現してしまった、という（笑）。

玉袋　夢が叶うのが早すぎ（笑）。デビュー1年半で抜擢されたっていうのは、TAKA選手の才能が買われたってことですよね。

JUST TAP OUT
PROFESSIONAL WRESTLING

TAKA　でも最初はメンバーに入っていなかったんですよ。みちのくから出場するのは、サスケ、デルフィン、ディック東郷（当時SATO）だったんですけど、ディック東郷が欠場になって、代打でポッと入ったんでラッキーだったんです。

ガンツ　ユニバーサルではメキシカンの欠場の代打で入門3カ月でデビューできて、『J－CUP』には東郷さんの代打で、デビュー1年半で出られちゃったんですね（笑）。

TAKA　本当に運だけで上がってきて（笑）。

玉袋　でも、あの日目立ったのはサスケ、ハヤブサ、TAKAみちのくだもんな〜。

TAKA　自分はあの日から「宇宙人」って呼ばれるようになりましたね（笑）。

「ジュニア全体の象徴であるライガーが開催を呼びかけて、自分が負けたところに『SUPER J－CUP』のよさがあったな」（玉袋）

ガンツ　控室のモニターでTAKAさんのトップロープからのプランチャを観た長州さんが「コイツ宇宙人か？」って言ったんですよね（笑）。

玉袋　相当無茶な飛び方をしたんでしょう。

TAKA　いや、ちょっとピョーンと飛んだだけなんですけど、やっぱり見慣れていない人にしてみれば「なんだコイツ」ってなったんだと思います。

玉袋　だから長州さんや新日ファンが観たことないようなプロレスが、あの日はたくさん観れたんだよね。ジュニアの万博だよ。それを今度の大阪万博みたいに無駄なカネを使わずにやったんだから、素晴らしいプロデュースだよ。

ガンツ　本当に業界の底上げになりましたよね。TAKAさんは普段、東北の小さな会場で100人、200人の前で試合をしていたのが、いきなり超満員の両国国技館、1万人の前で試合したときの気持ちはいかがでしたか？

TAKA　いやあ、感激しましたね。

玉袋　相当緊張もしたでしょ？

TAKA　当日を迎えるまでは緊張してたんですけど、最初に出場全選手入場式があったんですよ。各選手、みんな大歓声で。みちのくの選手も「ザ・グレート・サスケ！」「ワー！」、「スペル・デルフィン！」「ワー！」ってコールされるたびに盛り上がったんですけど、「TAKAみちのく！」ってコールされたときだけ「シーン」だったんで（笑）。俺の知名度なんてこんなもんなんだって開き直れましたね。

ガンツ　過度な期待をされてなかったぶん、緊張せずに済んだんですね。

TAKA　でも「客を掴んでやろう」とは思っていて、いろいろ秘策は練っていたんです。自分はデビューから入場曲が

『みちのくひとり旅』だったんですけど、その頃はもう嫌になって違う曲に変えて、三度笠もやめてたんですよ。でも両国で目立つためにはまたやったほうがいいなと思って、曲を『みちのくひとり旅』にして三度笠で入場したら、ドカーンと来たんです。入場で掴みましたね。

ガンツ　いかにも演歌っていうイントロの時点で「キターー！」って感じでしたからね（笑）。

玉袋　『みちのくひとり旅』が新日本プロレスの会場で流たっていうのが凄いんだよな。

TAKA　入場してからもしばらく会場がザワついてましたからね。それだけで勝った気分になりましたね。

玉袋　で、『SUPER J－CUP』のあとは、みちのくプロレス全体が一気に大ブレイクだもんね。

TAKA　そうですね。東北に帰ったあとがフィーバーだったんですよ。それまでは観衆100人、多くて200人しか入らなかったのが、500人とか1000人とか入る会場もあって、一気に東北での知名度が上がって。しばらく大フィーバーでした。

玉袋　言ってみりゃ、NHKの『紅白歌合戦』に出た歌手みたいなもんだからね。一気に全国区だよ。それを東北に持ち帰るのがいい。『あまちゃん』以前の『あまちゃん』だよ（笑）。

TAKA　やっぱりサスケ会長が準決勝でライガーさんに勝ったのはデカかったですね。あれで一気にファンを掴みましたね。

玉袋　逆にあれでライガーも株を上げたしね。ライガーが各団体に呼びかけて、そのライガーが優勝したら「そらねえよ」って話だからさ。ジュニア全体の象徴であるライガーが負けたところに『SUPER J－CUP』のよさがあったな。

TAKA　本当に夢のある大会でしたね。

ガンツ　TAKAさんは『SUPER J－CUP』の1カ月後に、今度は新日本の『ベスト・オブ・ザ・スーパー・ジュニア』にも出場しましたよね。

TAKA　そうですね。自分とデルフィンが『スーパー・ジュニア』に呼ばれて。両国は一発じゃないですか。今度は3週間の巡業だったんで、もの凄く緊張しましたね。テレビで観ていた人の世界に入って、「なんか、とんでもないところに来ちゃったな」って。移動は外国人バスに乗せられたんですけど、ジュニアの選手以外にスコット・ノートンがいたり、ホーク・ウォリアーがいたり、佐々木健介さんがいたりして。

ガンツ　健介さんはその頃パワー・ウォリアーだったから、外国人バスだったんですね（笑）。

TAKA　しかも、めちゃくちゃ怖い時期の佐々木健介さんだったんで、粗相のないように、凄くビビりながらちっちゃくなってましたね。

玉袋　外国人バスに放り込まれるっていうのがいいな（笑）。

TAKA　日本人バスよりは、まだよかったかもしれないですけどね。

「愚乱・浪花がZUBAZのバギーパンツを穿いてたら、馳さんに『そんな汚ねえ格好すんな！』って怒鳴られたらしいんですよ」（TAKA）

ガンツ　でも国内メジャー最大手の新日本となると、扱いも全然違ったんじゃないですか？

TAKA　宿泊はずっと京王プラザホテルで至れり尽くせりでしたね。巡業中はギャラとは別にご飯代っていうのが毎日出たんですよ。「これ、ギャラですか？」って聞いたら、「メシ代だから」って言われて。「なんて優雅な人たちなんだ。ご飯代だけで生きていけるよ」って思いましたよ（笑）。

ガンツ　新日本の会社としては、みちのくの選手をビジネスとして上げようという考えがあったと思うんですけど。選手のほうは当時、「インディーの人間が上がれるリングじゃねえんだ」みたいな態度の人が多かったんじゃないですか？

TAKA　だからそういう試合が多々ありましたよ。何戦目かでブラック・タイガーだったエディ（・ゲレロ）とやって。彼の得意技でBTボムっていう、（ハイジャックバックブリーカーで）担ぎ上げてそのままパワーボムで叩きつける技があるんですけど、あれをなぜか雪崩式でやってきたんですよ。

玉袋　あぶねえ！

TAKA　「えっ、なんで？　いままで1回も見せたことのない技を、なんでこんなところでやるの？」って。で、案の定、変な落ち方をして腰いっちゃって、歩けなくなったんですよ。

玉袋　もうそこで欠場ですか？

TAKA　いや、あの頃は「インディーの選手が新日本とやるとすぐ壊れる、続かない」って言われてたんで、めちゃくちゃ痛かったんですけど、「ここで休んだら絶対に叩かれる」と思って、なんとか最終戦まで休まず出たんです。そこでちょっと評価されたんですけど、本当に死ぬほど痛かったですね。

玉袋　よく、やりとおしたよ。

TAKA　シリーズ中、自分が痛そうにしていたら、橋本（真也）さんに「ちょっと来い。マッサージしてやるよ」って言われたんで、恐縮しながらやってもらったんですよ。そうしたら凄く力でボキボキボキーッてやられて、よけい動けなくなって。ほかの選手から「大丈夫ですか？　あの人たまにマッサージをやりたがるんですけど、みんなあれで壊れるんですよ」って言われて。
玉袋　まさにリアル破壊王だよ（笑）。いや〜、インディーの選手があの時代の新日本に上がるのは大変だな。
TAKA　あの頃の新日本は、ちょっとボケーってしていたら馳（浩）さんに怒鳴られますからね。軍隊でしたよ。これは自分じゃなくて愚乱・浪花が新日本に出たときの話なんですけど、いわゆるZUBAZ（ズバズ）のバギーパンツを穿いてたら「そんな汚ねえ格好すんな！」って怒鳴られたらしくて。ほかにズボンを持ってきてなかったから、アイツ、あわてて買いに行ったらしいですよ。
ガンツ　ガハハハハ！
TAKA　自分もあとから言われたんですよ。田山レフェリーに「誰々がリベラのジャンパーとZUBAZはあんまり好きじゃないんですよ。着ないでもらっていいですか？」って。服装まで指定されちゃって（笑）。
玉袋　学校だよ（笑）。
ガンツ　きっとZUBAZとリベラのジャンパーは、新日本からするとインディーっぽく見えたんでしょうね。特にZUBAZはW★INGとかIWAジャパンの選手が穿いているイメージがあったんで（笑）。
玉袋　まあ、エリート意識が高いというか、そういったところはピシッとしてんだろうな。だから読売巨人軍と一緒だよ。
TAKA　デビュー1年半くらいのインディー小僧が、そこにポッと入ったわけですからね。本当に「生きて帰れるかな」って思うくらいでしたけど、いま思えば、あの時期にあの経験ができてよかったなって思いますね。トップ中のトップに入れられて、3週間もやらせてもらったんで。
ガンツ　その3年後の1997年には、今度はパンクラスに出場しましたよね。あれはどういう経緯で出ることになったんですか？
TAKA　当時、自分はみちのくでやりながら、FMWとかバトラーツとかスタイルの違う団体に出させてもらっていたんですよ。その流れのなかでパンクラスの話をもらって、「これはおいしいな」と思ったんです。みちのくとパンクラスって水と油じゃないですか？
ガンツ　ルチャ・リブレと格闘技ですもんね。
TAKA　これは史上初だし、絶対に注目されるだろうから、「ダメもとでやってみよう」と思って挑戦したんです。そうしたら当時はパンクラス＝秒殺っていうイメージがあったんで、秒殺されずに7分ぐらいもったら、負けたのに大絶賛されて。あれはやってよかったなって思いましたね。
玉袋　パンクラス参戦を「おいしい」と思える、そのプロレス頭が凄いね。

adidas

「WWFがTAKAさんを獲得しようとしたのは、おそらくライバル団体のWCWがクルーザー級で盛り上がっていたから」（ガンツ）

ガンツ　パンクラス参戦前、格闘技の練習はどこでされたんですか？

TAKA　当時みちのくにいた4代目タイガーマスクがそっち系出身だったんで、大宮にあるスーパータイガージムを紹介してもらって。嫌だったんですけど、「たしかにいまのままじゃ、何も知らない素人みたいなもんだな」と思って、1週間だけ合宿でやらせてもらったんですよ。もう練習でボコボコにやられて恥ずかしかったですね。

ガンツ　レスリングの経験があるとはいえ、総合は未経験ですもんね。

玉袋　そりゃ、仕方ねえっちゃ仕方ねえよ。

TAKA　午前中はコーチとかが教えてくれるんですけど、夕方になると一般会員が来て、けっこうプロレス好きな人が多かったんで、「TAKAさんじゃないですか！　ファンなんですよ。スパーリングお願いします」って言われて、ボコボコにされるっていう。やっぱり競技ってやってる人が強いんですよ。だから恥ずかしかったですけど、「これが現実だな」と思って1週間みっちりしごいてもらって。まあ1週間ぐらいでどうにかなるものじゃないんですけど、何もやらないよりはマシだと思って臨んで、まあ7分もったんで。

玉袋　そこはプロレスラーとしての意地だったんでしょうね。

TAKA　いい経験でした。それが23歳くらいで、まだ海外に行く前だったんで。

ガンツ　その後、すぐWWF（現・WWE）のトライアウトを受けたんでしたっけ？

TAKA　いや、違いますね。まずメキシコ修行に行ったんですよ。半年の予定だったんですけど、その途中でサスケ会長のWWFデビューが決まって、「対戦相手として来てくれ」って呼ばれたんです。行きたくなかったんですけどね。メキシコでお腹を壊してたんで（笑）。最初85キロだったんですけど、2カ月で65キロまで落ちて。もう上から下からゲーゲー出て、「ヤバい。俺はここで死ぬかもしれない」って思ったくらいなんで。

玉袋　やっぱりメキシコは水が合わねえとキツいんだな〜。

TAKA　でもエージェントがメキシコまで迎えに来て、カルガリーに連れて行かれて。そこでサスケ会長と2連戦が組まれたのが自分とWWFの始まりでしたね。

ガンツ　サスケさんは「俺がWWEと交渉しているあいだに、TAKAの野郎がかっさらっていったんだ」ってよく言ってますけど。

TAKA　まあ、あの人にしてみれば、手の合う人間であるTAKAを相手にいいところを見せて、自分がWWFといい契約を結ぼうという気持ちがあったと思うんですけど。向こうだと、あの黒装束がどうしても小ずるい悪役に見えたみたいなんですよね。しかも交渉でいろいろ文句をブーブー言ってくるんで、嫌がられたんでしょう。自分は何もわからないから、なんでも「ハイハイ」言ってたら、そのカルガリーでサスケ会長の相手役をやった翌週にもう呼ばれて5年契約の話が出てきて。自分はWWFに入るつもりはまったくなかったので、「いや、無理」って断ったんですけど、「3年でいいから」「おまえの階級に合わせたベルトも新設するから」って言われて。そこで「ベルトはほしいな」と思って、なんとなく入っちゃったんです。

玉袋　メジャーリーグになんとなく入っちゃうのがすげえよ。ここでもまた、サスケっていう「欠員」が出たことで入れちゃったっていう。

TAKA　本当にそうなんですよ。それでサスケ会長は「TAKAに横取りされた」って凄く怒ってて。たぶん、あのときがいちばん険悪でしたね。なんか一時帰国して、プライベートで盛岡に帰ったとき、みちのくの事務所とかに挨拶に行くじゃないですか？「おめえ、なんで日本にいるんだよ」って、凄い冷たい扱いをされちゃって。

ガンツ　ガハハハハ！

TAKA　いや、なんで逆ギレされてんだろうなって思って。まあ、いいやこの人はと思って。自分も23ぐらいの若僧だったんで。

ガンツ　WWFがTAKAさんを獲得しようとしたのは、おそらくライバル団体のWCWがクルーザー級で盛り上がってたからですよね？

TAKA　絶対にそうです。めちゃくちゃ盛り上がってたんですよね。レイ・ミステリオとかも出てて。

ガンツ　それこそクリス・ベノワとかエディ・ゲレロもそうだし、ディーン・マレンコとかウルティモ・ドラゴン。新日本からスポット参戦していた獣神サンダー・ライガーもそうですよね。

TAKA　それに対抗しようとしてWWFもライトヘビー級を新設して、そこの主役にグレート・サスケを考えてたんですよ。でも、さっき言ったとおり、あの黒装束がなんか違ったんでしょうね。

ガンツ　ライガー、ウルティモみたいな華やかなスターが来るかと思ったら、黒ずくめのショッカー戦闘員みたいなのが来ちゃって（笑）。

TAKA　それで代わりに自分が入って、ベルトまで獲っちゃったもんだから、サスケ会長の中でもうバーンとなって

(笑)。いろいろありましたね。

ガンツ　当時はＷＷＦとＷＣＷがいちばん競っていた時代ですもんね。毎週月曜の同じ時間帯にＷＷＦ『マンデーナイト・ロウ』とＷＣＷの『マンデー・ナイトロ』というややこしい名前の番組がぶつかる月曜テレビ戦争の時代で。

「みちプロのブレイクも、アメリカではWWFがWCWを大逆転するところも経験してるし、凄い人生だよね」(玉袋)

玉袋　言ってみりゃ、『8時だョ！全員集合』と『オレたちひょうきん族』の「土8戦争」と一緒だよな。

TAKA　しかも最初はＷＷＦが視聴率でずっと負けてたんですよね。スター選手がＷＣＷにどんどん引き抜かれて。

玉袋　ハルク・ホーガンがＷＣＷに行った、ｎＷｏブームの頃か。

ガンツ　ちょうどＴＡＫＡさんがＷＷＦに入ったとき、『レスリング・ウィズ・シャドウズ』という映画にもなった、モントリオール事件が起こったんですよね。

TAKA　ブレット・ハートとショーン・マイケルズの試合後、バックステージで揉めに揉めた、あれですよね。自分はあの試合自体はまともに観れてないんですけど、なんかあったっていうのは聞いてたんですね。それで翌日のロウの試合

前、珍しく全員集合がかかったんですよ。とりあえず行ってみたら、ビンスが腫れあがった顔で、何かを説明してるんですよね。自分は英語がわからなかったんで「なんかわからないけど暗い雰囲気だな」と思ったら、シュン・ヤマグチさんがたまたまそこにいて、「TAKAちゃ〜ん、悪いときに来ちゃったねえ」って言ってて、「えっ、なんすか?」って聞いたら「いや〜、知らないほうがいいよ」って詳しくは教えてくれなかったんですけど、とにかく暗い雰囲気で。

ガンツ　WWF〜WWE史上、最大のピンチに陥っていた時期ですもんね。

TAKA　ただ、そっから盛り返したんですよね。ストーンコールドがドーンと来て。あれは凄かった。そこから視聴率も逆転して、しまいにはWCWを買収しちゃったわけですから。

ガンツ　プロレスっておもしろいですよね。どん底かと思ったら、一気に大ブームになるわけですから。

玉袋　そういった凄いところをTAKAさんは目の当たりにしているよね。

TAKA　当時はなんのこっちゃでしたけど、たしかに凄い時にいたなって、いまになって思いますね。

玉袋　TAKA選手は、みちのくのブレイクも経験してるし、アメリカではWWFがWCWを大逆転するところも経験して

るし、凄い人生だよね。
TAKA　運がよかったんですよ。新日本に出られたのも代打で出られて、サスケ会長が行くはずだったWWFに自分がポッと入って、横取り人生ですよ。
玉袋　でも海外のメジャー団体で生き抜くっていうのは、相当な苦労もあったと思うんですよ。アジア人だから人種的に差別を受けたりとか、そういうのはどうだったんですか？
TAKA　WWFには放送作家というかライターみたいな人の中にそういうのがひとりいて、自分がひとりで参戦していたときはまだ大丈夫だったんですけど、その後、KAIENTAI（ディック東郷、MEN'Sテイオー、FUNAKI）が合流して日本人が増えてから、わけわからないことばっかりやらされて。たぶん、それはそいつが全部書いてたんですよ。ひどい扱いを受けてましたね。変なストーリーばかりやらされて。
ガンツ　要は「間抜けな集団」っていうことにされたわけですね。
TAKA　そうですね。「日本人だからこれでいいだろう」みたいな。それは感じましたね。
玉袋　でも団体が決めたストーリーは絶対なわけですよね。
TAKA　当然、与えられた仕事はきっちりしなきゃいけないし。でも英語もよくわかんなかったから、適当にやっときゃいいやってやってやってたんですけど。
ガンツ　いろんなシステムも、日本のプロレスとは全然違ったんじゃないですか？
TAKA　まったく違いましたね。ロウとか大量に選手を会場には呼ぶんですけど、試合に出られるより出られない人間のほうが多いですからね。飛行機代とか宿泊代とかかかるから呼ばなきゃいいのにって思うんですけど、呼ぶんですよ。で、来たはいいけど試合がない人がけっこういて、それでもギャラはある程度払っているんでしょうね。
玉袋　要はテレビに出られるレスラーはひと握りってことか。

TAKA　ロウとかに出るのは本当にトップスターですよ。

ガンツ　毎週月曜の生放送はとにかく大事だから、何が起こってもいいように「控え選手」もずらりと揃えておく感じですかね。

TAKA　我々選手にとって恐怖だったのはロウの翌日ですよ。月曜日に生放送した翌火曜日がスマックダウンの収録だったんですけど、ケータリングの部屋に前日のロウの視聴率が張り出されてるんですよ。しかも各試合ごとの視聴率が細かく出ていて、数字が取れないヤツはすぐ仕事がなくなるんです。

玉袋　シビアだな、そりゃ。

TAKA　本当に怖いですね。全部張り出されるんですから。

「プロレス界で30年以上生かしてもらったんで、その恩返しはしたい。そのためにも世界に通用するスーパースターを作りたい」（TAKA）

ガンツ　だから視聴率を取るために、試合に関して細かい指示も相当出されるんですよね？

TAKA　自分は言われましたね。最初、日本の感覚でなんとなくグラウンドをやってたら、「グラウンドなんかやるな。おまえらは小さいんだから動け！　止まるな！」って。しまいには場外にプランチャで飛んで、自分もダメージを受けるから少し倒れたまま休むじゃないですか。そうすると「休むな！　リングに入れ！」「おまえらが動かなければチャンネルを替えられるだろ！」って怒られるんですよ。

玉袋　うわー、チャンネルを替えさせないために、いろいろやらなきゃいけないわけか。これぞ「裏番組をぶっとばせ！」だよ（笑）。

TAKA　常に裏番組のWCWナイトロを確認しながら指示が出るんで、突然の試合順変更なんか日常茶飯事なんですよ。あとは「前の試合が押したから、おまえらナシ」って急に言われたり。試合がなくなるのはまだいいんですけど、「ちょっと時間ができたから、おまえ、行け！」って言われて、すぐテーマ曲が鳴って「マジかよ！」って思いながらリングに向かったり（笑）。

玉袋　凄い経験だね。常在戦場だよ（笑）。

ガンツ　しかも生存競争が激しいから、「ダメなら代わりはいくらでもいる」みたいな感じなんですよね？

TAKA　そうですね。それでも自分はケガして休んでもしばらくは生き残れたんで。何回か休みましたけど、その都度復帰させてもらって。最後は会社のカネで手術をさせてもらって、ケガが治ったところで辞めました。とんでもないヤツですよね（笑）。

ガンツ　でも、これ以上続けるのはしんどいっていうのもあったんじゃないですか？

TAKA　もともと自分はWWFにいる希望はなかったので。サスケ会長の代わりに、なんとなく寄り道的に3年契約で入って、その後なんだかんだで2年延長したんで、トータル5年いたんですけどね。

玉袋　メジャーで5年間やれば立派なものだよ。

TAKA　でも、やっぱり「日本に帰ってきたいな」と思って帰ってきちゃいましたね。あっちにいたほうがお金の面ではよかったんでしょうけど、やりたいことがそんなにできないなと思って。言われたとおりのことをやり続ければよかったんでしょうけど、なんか物足りなく感じて辞めちゃいましたね。まだ20代で若かったので。

玉袋　それでもまだ20代だったんだもんな～。で、帰ってきたあとは？

TAKA　「そろそろ日本に帰りてえな」と思ったとき、ウルティモ・ドラゴンこと浅井（嘉浩）さんが、メキシコの闘龍門を日本に逆輸入して大成功していたんですよ。のちのドラゴンゲートですよね。自分はそのときプエルトリコに住んでたんですけど、元WCWの浅井さんがメキシコに道場を作って、育てた選手を日本へ逆輸入して儲かってるなら、元WWFのTAKAみちのくがプエルトリコで同じことをやったら儲かるなって、安易な発想で「KAIENTAI DOJO」を作ったんですよ（笑）。

玉袋　吉本がお笑い学校を作って成功したら、ほかの事務所もみんなやりだしたのと一緒だな（笑）。

TAKA　それで『週刊プロレス』を使って生徒募集して。ある程度生徒が揃って形ができたんで、日本で団体を作っちゃおうっていう感じで帰ってきて旗揚げしたんです。

ガンツ　それが形を変えて、いま、この団体になっているわけですね。

TAKA　結局、それを17年ぐらいやってて、自ら不祥事を起こして（笑）。いまはこのJTO（JUST TAP OUT）を作ったわけですけど。

玉袋　でも30年以上、選手と団体運営をやってきたっていうのはすげえ。ちょっと後半の話は駆け足になっちゃうんですけど、これからプロレス界でやりたいことってあるんですか？

TAKA　自分を育ててくれたプロレス界に恩返ししたいんで、あと何年できるかわかりませんけど、プロレス界を盛り上げられるいい人材を育てたいと思って、こういう道場や団体をやってるんですけどね。

玉袋　やっぱりプロレス界への感謝の気持ちがあるわけですね。

TAKA　ありますね。まったくの無名から始まって、この

業界で30年以上生かしてもらったんで、その恩返しはしたいなって。そのためにも世界に通用するスーパースターを作りたいと思っているんですよ。自分ができたんで、できないことじゃない。そう信じて人材育成をしていますね。

玉袋　いまはいろんなスポーツの選手が海外で活躍してるけど、海外で活躍する日本人っていうのはプロレスが先駆けだから。ここからスーパースターが生まれたら最高だよ。いいよね、夢があるよ。じゃあＴＡＫＡ選手、今後も期待してますんで。

ＴＡＫＡ　ありがとうございます。あと何年できるかわからないですけど、もうちょっとがんばろうと思います。

自己投影観戦記
できれば強くなりたかった

第141回

タゲスタン共和国のコンバットサンボ

椎名基樹

椎名基樹（しいな・もとき）1968年4月11日生まれ。放送作家。コラムニスト。

今シーズンからプレミアリーグの放送がU-NEXTになったために、渋々入会した。

まるで義務のように25年間あまり観戦し続けているロンドンのチーム・アーセナルFCと三苫薫が所属するブライトンFCの試合が、昨シーズンまではABEMAで観ることができたので、私が入会していた映像エンターテインメントのサブスクは、件のABEMAとAmazon Prime、Netflixとすべて月額1000円以下のプラットホームのみで済んでいた。

パーフェクTVのスタート以来（1996年だってさ）、映像サブスクが、これほど少額の月額料で済んだことはなく、大変喜んでいたのだが、そんなおいしい話は1年しか続かなかった。

プレミアリーグが観られる「U-NEXT+スポTV」のセット料金は3000円弱なので、昨年の経験があるので余計に高く感じた。しかし、U-NEXTに関しては私の唯一のサブスク相談相手の写真家のタイコウクニヨシが、少し前に入会したと聞いていたので、「渋々」ながら「期待大」でもあった。

入会して驚いた。かなり驚いた。U-NEXT、過去最強プラットフォームである。マニアックな映画が充実している。連続ドラマは『ジ・オファー』しか観ていないが、これはかなりおもしろかった。ほかのドラマも掘ってみよう。そしてUFCが観られる。さらに何より驚いたのが、アダルトビデオの巨大アーカイブが観られることだ。これを「過去最強」と言わずして何をそう呼ぶ？ やっぱり「U」は最強だった。

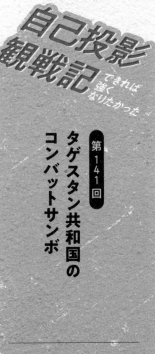

しかしDAZNで、夢のプラットフォームは、極端な竜頭蛇尾であることを、思い知らされているので、過度の期待は禁物だ。とりあえず腰を浮かせながら、見守ることとしよう。

というわけで、数年ぶりに期せずしてUFCが観られる環境になったのである。たらい回しにされた私と、たらい回しになったUFCが、新たなビジネスチャンスに大金を注ぎ込む、助平なプラットフォームで、ふたたび出会ったのだ。

浦島太郎状態で「UFC294」を観て、当然のごとく、自分の浦島太郎ぶりを痛感した。現在、UFCではタゲスタン旋風が吹き荒れていることを知った。タゲスタン共和国はロシアに所属する、いち首長国である。カスピ海のほとりに位置する、ムスリムの国である。

UFCでコナー・マクレガーと抗争を繰り広げ、無敗のまま引退した、MMA史の中でも最高の選手とも称される、バビブ・ヌルマゴメドフがこの国の出身である。この「UFC294」でメインイベントを務めた、ライト級王者であり、パウンドフォーパウンドランキングでも1位とされるイスラム・マカチェフも同郷だ。

そして、なんとヴォルク・ハンもタゲスタン出身だという。さらにボクシング3団体統一現ライトヘビー級チャンピオン、アルツール・ベテルビエフもだ。タゲスタンの人口は300万人あまりで、茨城県の人口より少し多いくらいである。

ロシアのウクライナ侵攻では、多くのタゲスタン人が戦場に送り込まれたという。チェチェン紛争は、ロシアからの独立を望むチェチェンが、タゲスタンに侵攻したことが発端で始まったそうだ。タゲスタンは戦士の国なのだ。

「UFC294」は中東のアブダビで開催されたこともあり、多数のタゲスタン選手が出場して、名前の最後に「V」が付いて「フ」と読ませる選手がずらりと並んだ。どの選手も、黒髪の坊主頭で、もじゃもじゃに顎ヒゲのみを生やしていて（鼻の下の毛は剃っている）、見分けがつかない。

彼らの闘いぶりは、じつに完成度が高く、現代MMAをまさに体現しているように思えた。テイクダウン能力の高さは、レスリングが盛んなこの辺の国の人たちならではである。打撃は非常に洗練されている。

チョークの技術が高く、油断すれば、フロントから紐のように前腕を首に巻きつけて極めてしまう。判を押したような皆そっくりなルックスと相まって、MMAの技術をプログラミングされたロボットのように見える。しかし眼光は獣のように光ったロボットだ。

彼らの格闘技のバックボーンは、コンバットサンボである。私は最近、インスタグラムの自分のタイムラインになぜか流れてくるようになった「sambo-fias」とか「sambo-africa」という名前のアカウントの投稿に驚かされていた。

サンボの試合の動画ばかりであるが、その大会がじつに華やかで盛大なのだ。サンボが知らぬ間に、大きく発展していることにまず驚いた。そして、様々な試合形式があることにも驚いた。

道衣を着て、スパッツを履くスタイルは、どの試合も同じである。しかし、ヘッドギアをつけてオープンフィンガーグローブを装着し、レガースもつけて、さながらアマチュアMMAのような試合もあれば、投げによる一本で決着する柔道のような試合もある。またビーチで闘うこともあり、それは完全にアトラクションとして人気を得ているようである。

MMAの誕生、発展によって、世界中に大きく勢力を広げた格闘技は、ブラジリアン柔術である。そしてそれは、MMAとは遠ざかる形で発展していったように見える。アマチュアスポーツとして体系化され、趣味として、社会体育として楽しめるスポーツとして、それでいて実戦での有効性も担保された、身に付けて価値のある格闘技として、柔術は世界に認められたように思う。

ブラジリアン柔術と同じく日本の柔術をルーツとするサンボは、MMAの基礎を学べる格闘技として、プロMMAの発展と共に、大きくなっていったのだろうか。詳細はわからないのだけれど、とにかく勢いを感じるインスタ投稿なのだ。タゲスタンファイターの質の高さからも、サンボ界の充実ぶりが想像できる。

プロレスがわかれば世の中が、
そして世界が見えてくる。

斎藤文彦×プチ鹿島

活字と映像の隙間から考察する

プロレス社会学のススメ

司会・構成：堀江ガンツ　撮影：タイコウクニヨシ

第46回

君は『アントニオ猪木をさがして』を観たか。

10月6日に公開されて以来、鑑賞した人たちの間で賛否両論の輪が広がり、厳しく低評価する声も聞こえてくる映画『アントニオ猪木をさがして』。

このアントニオ猪木の足跡を辿ったという本作を、劇場に足を運んで観たというかつての猪木の弟子・髙田延彦が「何度席を立とうとしたか。観なくて大正解です！　1300円と貴重な時間の無駄遣いです」と酷評すると、永田裕志が髙田を「老害！！」と一刀両断。さらに棚橋弘至も「何かを伝えてくれるのを〝待つ〟のではなく、〝さがす〟映画。…とタイトルにもなってますよね」と反応した。

今回は、当然鑑賞済みの当コーナーの3人が『アントニオ猪木をさがして』を語り尽くします。

「賛否両論あり酷評もされている。でもプロレスでも映画でも、しっかり自分の目で観て、感じて、考えることは凄く大事です」（斎藤）

――今回は「芸術の秋」ってことで、映画の話からしましょうか。唐突ですが（笑）。

斎藤　それは映画『アントニオ猪木をさがして』の話をしようということでしょ？　でも、そうなると各方面で賛否両論というか、酷評されている話をしないわけにいかなくなる。

鹿島　公開直後から凄かったですもんね。ボクなんかまわりがあまりにも「ひどい、ひどい」って言うから、1週間遅れで観に行ったとき、もう免疫ができてるから「意外と悪くねえじゃねえか」ってちょっと受け身が取れちゃったんですよ（笑）。やっぱり、ああいう映画は他人の評価に影響を受けない、公開初日に観た者勝ちですよね。

斎藤　そういう意味では、ボクは相当早い段階で観たんですね、マスコミ試写会の一発目でギャガの本社で観たので。

鹿島　あっ、そうでしたか。いち早く観てどうでしたか？

斎藤　ギャガの広報さんが「どうでした？」って観終わった直後に聞きにきたので、そのとき、すでにいろいろ言いたいことはあったけれど、さすがに「よかったんじゃないですか」って言っちゃいました（笑）。でも予備知識のない状態で観ることができたのはよかったです。

鹿島　ボクは公開直後からあまりにも酷評が聞こえてきたので、最初は観に行くのをやめようかとも思ったんですけど、それはダメだなと。偏見があっての酷評かもしれないし、それと闘ってきたのが猪木さんだから、ほかの人にどう言われようと自分の目で見ようと。「これが猪木イズムだろ」と思って行きましたよ。

斎藤　プロレスでも映画でも、しっかり自分の目で観て、感じて、考えることは凄く大事です。

鹿島　いざ観てみると、猪木さんが少年時代に家族で移住したブラジルのシーンから始まって、「なんだ、悪くないじゃないか」って（笑）。

斎藤　60年以上も経過しているから親しい人が見つかるわけはないんだけれど、それでも猪木さんとご兄弟が働いていたとされる市場であるとか、ご家族で住んでいたとされる農場や牧場でちゃんとロケをしているんですよね。

鹿島　猪木さんのブラジル時代って漠然としたイメージだけだったんですけど、その当時のブラジルのコーヒー農園や市場の写真なんかを観ることで、イメージが鮮明になっていくような感覚がありましたね。

——猪木さんのブラジル時代って「コーヒー農園で奴隷同然の過酷な労働を強いられた」ってことが語られがちですけど、その後、家族で都会のサンパウロに移り住んで青果市場で働くようになり、そこで力道山と出会っているので、じつはそっちのほうが重要だったりするんですよね。

鹿島　映画の話からは少しそれますけど、猪木さんは力道山と偶然出会ったわけじゃなくて、力道山が来るのを待っていたっていう説があるじゃないですか。そのへんはどうなんですか？

斎藤　まったく偶然ではないでしょう。猪木さん自身のコメント、猪木関連本群の記述をつなぎ合わせていっても、ブラジルに行く前の10代前半の時点で猪木さんはテレビで力道山を観ていて、猪木兄弟が働いていた青果市場の社長がブラジル遠征にやってきた力道山と猪木少年の面談をセッティングしたというエピソードが定説になっている。

鹿島　もともとプロレスが好きだったんですよね。それこそ玉さん（玉袋筋太郎）がビートたけしさんに会うために四谷の焼肉屋『羅生門』の前でずっと待ってたのに近いんじゃないかという。

——ブラジルで力道山の「入り待ち」「出待ち」をしていたんじゃないかと（笑）。

鹿島　事の真偽はともかく、地球の反対側のブラジルでも力道山が来ることを信じて待ち続けるっていうのも猪木さんらしい話だなと。そんなブラジルのロケから映画が始まったので、オープニングとしては「全然悪くねえじゃねえか、コノヤロー!」って感じだったんですよ。快調なスタートで(笑)。

――途中で雲行きが怪しくなったところはあったけど(笑)。

鹿島 だから映画は賛否両論ありましたけど、一言で言えば「これも猪木さんらしいな」と思って。いまはみんな大人になったから猪木さんについて楽しく語るけど、あの映画を観てて思い出したんですよ。「そういえば俺も10代の頃、猪木さんの試合を観て怒ったり、あきれてたりしたこともあったな」って。特に80年代後半とか。

斎藤 80年代後半の猪木さんは40代で、あきらかにフィジカルが落ちてきているのに主役の座を譲らず、〝仕掛け〟に頼ることで、それが裏目に出ることがよくありましたね。

鹿島 だから「なんだよ!」ってずっと怒っていた気がするんですよね。

斎藤 「なんで前田とやらないんだ!」とかね(笑)。

「業界内の人がみんな表立っては口籠るなかで、あれだけストレートな感想を出した髙田延彦は素晴らしいじゃないですか」(鹿島)

鹿島 でも、それがあるからずっと語れるんじゃないかと思うんですよ。だって一般的にただおもしろい、よくできてるだけの映画って、すぐ忘れちゃうじゃないですか(笑)。

――年末に「今年の映画ベスト10」とか発表されても年始の作品は「どんな映画だったっけ?」ってなったりしますもんね(笑)。

鹿島 だから観たあとのもやもやした気持ちも含めて、「これはこれで『猪木の映画』だなって感想を持ちましたね。

斎藤 時間的経過とともに評価が変わるかもしれないというのも猪木プロレスの特徴ではありますからね。それこそアントニオ猪木vsモハメド・アリは、あの試合がおこなわれた時点ではあらゆるマスメディア、アメリカをはじめとする英語圏でも〝茶番〟と酷評されましたが、40年の時を経て、総合格闘技の原点であるという世界的なコンセンサスに変わった。

鹿島 ボクが『アントニオ猪木をさがして』を観る前も「世紀の大凡戦」という評判が各所から聞こえてきましたよ(笑)。

斎藤 観る前にあまり先入観を持たせるようなことを言うのはよくないと思って、ボクはみなさんが観るまでは自分の感想をいうのはやめようって思っていたんです。

――だからなのか、映画公開と同時に棚橋弘至、オカダ・カズチカのインタビュー記事はたくさん出ましたけど、プロレス業界内の人たちからの感想がまったく聞こえてこないという不思議な現象が起こってましたよね。そこでようやく口を開いたのが髙田延彦だったという(笑)。

鹿島 あれも最高じゃないですか(笑)。60歳くらいのちゃんとした方が、映画を観てあれだけ怒るっていうのもなかなかないですよ。

――それだけ真剣に観たってことでしょうからね。

斎藤 髙田さんがプロレス村から離れたとこ

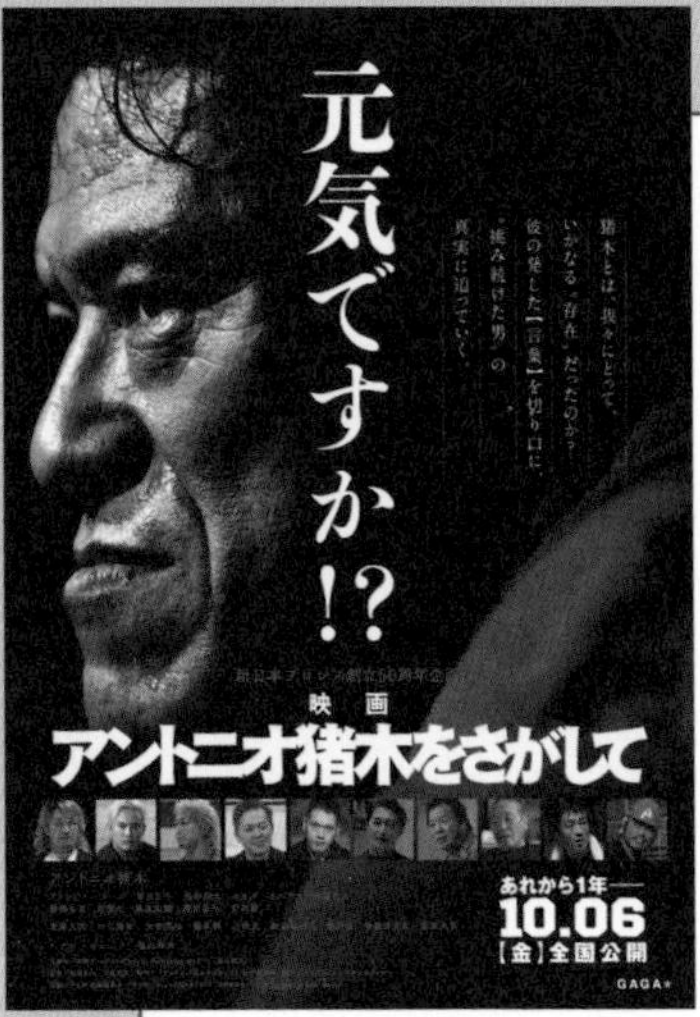

ろにいて、なんのしがらみもないから言えるのかもしれないけれど、「何を伝えようとしているのかまったくわからない」「上映中、何度、席を立とうと思ったことか」と感じたまま、思ったままの率直なコメントを出していた。

鹿島　業界内の人がみんな表立っては口籠るなかで、あれだけストレートな感想を出してことに対して「髙田！　髙田！　髙田！」っていうコールが飛んでましたよ（笑）。

斎藤　それに対して「老害」ってSNSに書く永田裕志のリアクションもおもしろかった。

——あの老害発言に関しては、「それは誰に忖度しての〝老害〟なんですか？」って言いたくなりますよね。「猪木さんに失礼」っていう意味での言葉では絶対にないでしょうって。

鹿島　いやあ、本当にそれはそうです。髙田さんは「猪木さんのどういう映画なんだろう？」って、自発的に観に行った上で怒っているわけだから。映画を観た素直な感想であり、それを言わせないようにするっていうのは、このコーナーでもたびたび問題提起してきた「評論をさせない空気」にもつながる。

——映画もプロレスも、本来は観た人がいろいろ語ってなんぼのジャンルのはずですからね。「推す」か「ディスる」かの二元論ほどつまらないものはない。

鹿島　ガンツさんはあの映画について、どんな感想を持たれました？

——ボクがあの映画で感じたのは「アントニオ猪木」に対する世代間の認識の違いですね。棚橋弘至、オカダ・カズチカ、海野翔太といった選手が出ていましたけど、『アントニオ猪木をさがして』というタイトル通り、これは猪木さんを直接知らない世代が「猪木さんって、いったいどんな人だったんだろう？」と探している映画だなと。

斎藤　そこで探しているアントニオ猪木のイメージも、引退後の2000年以降の猪木さんだったりします。

——猪木さんがシリーズにフル参戦していた80年代以前を知る人と知らない人では、こんなに認識が違うんだなって気がしました。いまの新日本ではベテランである棚橋選手でさえ、事実上のファースト猪木体験は、1996年1・4ドームの猪木vsベイダーだったりするわけじゃないですか。

鹿島　ボクらからするとベイダー戦は晩年も晩年ですけど、棚橋選手世代だと全然おかしくないですよね。

——だから映画の中で2002年札幌の「猪木問答」が重要な位置を占めてましたけど、〝棚橋年表〟の中での猪木体験のクライマックスが、あれなんだろうなと。

鹿島　棚橋史観ですよね。猪木問答と道場の猪木パネルのエピソードが映画の重要な位置を占めていることで、「これは猪木の映画というより棚橋の映画だ」と言われたりして。

――だから猪木さんの不在を凄く感じたんですよ。これって『桐島、部活やめるってよ』みたいだなって。

鹿島　なるほど。映画のタイトルになってるのに「猪木」も「桐島」も本人が登場しないっていう。

――だから猪木さんの映画というより、猪木さんがいなくなった影響を少なからず受けた人たちのストーリーだと思いましたね。

鹿島　ボクもちょっと思ったのは、これだったら徹底して映画の中で猪木の映像は使わないとか、そこまでの驚かせ方でもよかったのかなって。

斎藤　ポスターの写真だけがあって、闘っているアントニオ猪木、動いているアントニオ猪木の映像をいっさい使わず、猪木がいなくなってしまった時代を、これからをどう生きていったらいいのかを残された者たちが考えていくというような、そういう見せ方もあったのではないかと感じます。

――あとは、ダウン・タウン・ブギウギ・バンドの『港のヨーコ・ヨコハマ・ヨコスカ』みたいだなって。ヨーコを探しに行くんだけど、全然見つからないっていう（笑）。

斎藤　結局、ヨーコが1回も出ないっていうね（笑）。

「昨年お亡くなりになった時点で引退から24年。だから40代のファンにとって猪木最高の名勝負がベイダー戦になる」（斎藤）

――だから「あんた、あの娘のなんなのさ？」ならぬ「あんた、猪木のなんなのさ？」っていう感じがしましたよ（笑）。

斎藤　実際、それに近い。これはご本人がお断りしたのかもしれないけれど、本来出ていてしかるべき人たちが出ていなかった不在感もありました。古舘伊知郎さんや村松友視先生、舟橋慶一先生のコメントは当然あってしかるべきと猪木ファンは当然思うだろうし。アントニオ猪木といちばん近いところにいたレスラーなら坂口征二、長州力であったり。

鹿島　藤波さん、藤原さん、原悦生さんがその役割だったんでしょうけどね。

斎藤　まあ、この人が出てない、あの人が出てないと言い出したらきりがないし、この映画はあくまでも、猪木さんを知る証言者ではなく、遠い存在としてのアントニオ猪木像を探し求める現在進行形の新日本の選手たち、猪木世代ではない猪木ファンが猪木を語るという描き方を選択したのでしょう。

――いま現在のプロレスを観ているファンも、現役時代の猪木さんを知らない人が大半でしょうからね。

斎藤　猪木さんが引退したのは1998年ですよね。昨年お亡くなりになった時点で引退から24年、四半世紀近くの時間が経っていた。いま30歳の人でも猪木引退試合は小学校に上がる前の6歳。いま40歳の人で16歳、当時は高校1年生だからギリギリ引退試合をテレビで観られたぐらいの世代。だから50代、60代以上のファンなら70～80年代の猪木さんの名勝負をかろうじて語ることができるけど、いま40代のファンにとっての猪木最高の名勝負が1996年のベイダー戦になるのは仕方ないといえば仕方ない。

鹿島　40代がギリギリわかるのが、すでにセミリタイア状態の魔性の闘魂時代なんですね。ボクやガンツさん世代が「ミスター・プロ野球」「燃える男」と呼ばれた長嶋茂雄さんの現役時代を知らずに、おもしろいおじさんとしてキャラクター化された長嶋さんの印象が強いのに近いですよね。

――長嶋さんも猪木さんも、下の世代にはものまね芸人にデフォルメされた姿のほうが印象が強いですもんね（笑）。

斎藤　長嶋さんの現役時代を知っている世代と知らない世代では、長嶋さんに対する認識がまったく違うのと同じで、猪木さんがフルタイムで活躍していた時代、シリーズ興行で全国巡業に出ていた時代を知っているファンと知らない世代のファンでは、まったく違うと思います。

――新日本の先シリーズで、鈴木みのると永田裕志の「ストロングスタイル論争」みたいなのがあったんですよ。鈴木さんは「アントニオ猪木、坂口征二、星野勘太郎がみんな現役で、同じバスに乗っている時代を俺は知っている」と言っていて、いわば猪木さんがフルタイムで巡業に出ていた時代の新日本を「ストロングスタイル」と言っていて。永田さんのほうは「ストロングスタイルの亡霊は俺たちが払拭した」と言っている。つまり、2000年代前半の猪木さんの鶴の一声で総合格闘技に駆り出された時代を「ストロングスタイル」と呼んでいて、同じ「ストロングスタイル」でも認識が完全にズレてるんですよ。

斎藤　このふたりは年齢は同じだけど、プロレスラーとして歩んできた道がまったく異なる時系列だから。

――だからそういう永田さん的な考えが、いまの新日本を観ている人の猪木への認識にかなり近いのかなと。でもボクらにとっての猪木さんは、シリーズにフル出場している時代の猪木であり、新日本と言えば、あの時代の新日本ですもんね。

斎藤　いま考えると、そのメンバー、猪木、坂口、藤波、星野、あるいは藤原、前田、髙田、1985年あたりだとヤングライオンのライガー、武藤、蝶野、橋本、船木らがみんな一緒に旅をしているって考えると恐ろしい現実ですよね（笑）。地方の旅館に泊まったりしたら、そのメンバーでみんな一緒に大宴会場でご飯を食べるわけでしょ。

鹿島　そりゃ、熊本の旅館破壊事件みたいなことも起こるっていう（笑）。

――鹿島さんは先日、『教養としてのアントニオ猪木』という本を出されましたけど、あそこに書いていたのは主に80年代のプロレスラー猪木と、90年代の猪木議員が中心でしたね。

鹿島　ここは知ったかぶりでなく正直になろうと思ったんです。ボクは1970年生まれだから、ちょうど10代すべてが80年代なんですよ。それで長野県に住んでいたので、地方のテレビの都合もあって80年代からの猪木さんをガッツリ観ていたんですよね。70年代もチラホラとは観ていたんですけど、ちゃんと観ていないボクが60年代、70年代の猪木さんをあとから知った知識で語ったとところで、その時代の猪木を語るならもっとちゃんとした人がいるじゃないですか。それこそフミさんとか。だからボクはやらないでおこうと。それより、ボクが多感な10代のときに観てきた、体力的に落ちてきて策を弄する、「これはいったいなんなんだ？」って思わされた猪木を書こうと思ったんです。

斎藤　その時代に実際に感じたモヤモヤも含めて、ですね。

鹿島　70年代を書いてないとはいえ、80年代すらもう40年前なんですよね。１９８３年の第1回IWGPがちょうど40年前で。

斎藤　それだって凄い話ですよ。40年も前の話をボクらはまるできのうのことのように語っているわけですから（笑）。

鹿島　だからボクはそこに絞ったんですよ。自分が観て感じたものっていう意味で。

「長州さんなんかはもう猪木さんのことを語らないじゃないですか。その、あえて語らないところがまた色気がある」（鹿島）

斎藤　プロレスに限らず、80年代の空気を体験している日本人とそうではない日本人とでは、いろいろなものに関する認識や感じ方が違うっていうのは本当に大きいし、このギャップばかりはどうすることもできない。たとえばYMOをリアルタイムで聴いちゃった世代とそうでない世代とかね。

――『8時だョ！全員集合』vs『オレたちひょうきん族』の土8戦争を知ってる人と知らない人じゃ、テレビに対する感覚もだいぶ違うでしょうしね。

斎藤　それから日常の記憶としてバブル崩壊前の、豊かだったとされる時代の日本を知っている世代と知らない世代なども。

――それって、ちょうどフルタイム現役時代の猪木を知る世代と知らない世代と被りますね。世の中の経済は「失われた30年」なんて言われますけど、プロレス界は「猪木イズムが失われた30年」だったかもしれない（笑）。

鹿島　でも、たしかに若い世代が豊かだった時代の日本を実感として想像できないのと似てるかもしれないですね。

斎藤　だからこれから先、アントニオ猪木の偶像化はますます進行するでしょうね。アントニオ猪木のリアルな功績、実績よりも、もっと単純に、無条件に「かつて存在した偉大なるプロレスラー」としての偶像ですね。

鹿島　ボクは猪木さんが亡くなった次の日に、当然スポーツ新聞を全部調べたんですけど、やっぱり引退試合の猪木さんの写真とか、「1、2、3、ダーッ！」とか、闘魂ビンタとか、そういう写真が多いんですよ。でもそれは猪木史の最後の最後じゃないですか。

斎藤　平成元年にセミリタイアしたあとのイメージですね。

鹿島　これは先日亡くなられた財津一郎さんが「タケモトピアノの人」としてばかり紹介されるのと一緒かなと（笑）。

斎藤　あのCMは最後の最後ですよね。

鹿島　でも、あのCMの露出が凄いから否定はできないんですよ。

斎藤　『てなもんや三度笠』のモノクロの映像はそんなに出てこないですね。

――圧倒的に「ピアノ売ってちょうだ～い」

ですもんね（笑）。

鹿島　猪木さんにとっての闘魂ビンタや「1、2、3、ダーッ！」と同じで、最後まで売れている人の宿命ですよね。

――長嶋さんが「ん〜、どうでしょう」「セコムしてますか？」なのと一緒で（笑）。

鹿島　だから普通に60、70年代の猪木を語る人のほうが珍しくなってきていますよね。

――いま50歳のボクは、80年代の猪木さんを観ていますが、どちらかと言うと、長州、藤波、前田、佐山、藤原とか、そっちの人たちに感情移入して観ていた気がするんですよ。『アントニオ猪木をさがして』が猪木を知らない世代の物語とするならば、ボクらは猪木の影響を受けすぎた人たちの群像劇に熱狂していたのかなって。

鹿島　本当にそうですね。だからボクの本でも猪木さんの次に長州さん、前田さんのことを多く書いているんですよ。長州さんなんかはもう猪木さんのことを語らないじゃないですか。『KAMINOGE』では亡くなったあとに語っていましたけど、あえて語らないところがまた色気があっていいなって。

――いまはなんでも「アングル」で済まされて、わかってない人は「ブック」だなんだ簡単に言ったりしますけどね。

鹿島　それはこの「プロレス社会学のススメ」でも繰り返し言ってきたことで、「そんなのはプロレスの隠語でもなんでもない、ただのネットスラングだよ」っていう。

――長州の「かませ犬事件」にしても、藤原の「雪の札幌事件」にしても、アントニオ猪木の意向があったにしても、どう動いて、どんな言葉で語るかはすべて自分でやったことですからね。

鹿島　しかも、どちらの事件も現場の当事者である藤波さんは知らされていないという（笑）。

斎藤　〝猪木監督〟からの指示のようなものがあったとしても、重要なことは当事者がそれをどう受け止め、そこにある意味をどれだけちゃんと汲み取れたか、という部分ではないか。「アングルでしょ」と簡単に言う人がいるけれど、大切なのは「そこから先だよ」っていう話でしょう。

「あの猪木問答がいろんな分岐点になっていた。新日本にとっては2000年代以降の重要な事件だったということです」（斎藤）

――アクションを起こしたところで、ファンやテレビ視聴者の反響が鈍かったら、またすぐに中堅、前座に逆戻りですからね。だから「テロリスト」として札幌で長州を襲った翌週から毎週テレビに出るようになったというのは、藤原喜明の実力ですよね。

鹿島　以前もこのコーナーでも盛り上がりましたけど、1984年の藤原喜明は凄いですよね。2月に札幌でテロ事件を起こして、4月にはUWF旗揚げシリーズ最終戦・蔵前国技館のメインで前田日明とやってるという（笑）。

――前田戦の2日後は、同じ蔵前で新日正規軍vs維新軍の5vs5勝ち抜き戦の副将を務めたり（笑）。

斎藤　〝札幌テロ〟の翌週ですか、大阪城ホールで長州力との一騎打ちも実現していますよね。

鹿島　あれはワクワクして観ましたよ。

——そして6月には、もう新日本を辞めて第一次UWFに移籍するんですよ。その間、テロ事件からわずか4カ月（笑）。

鹿島　早っ！（笑）。

——テロリストとしてようやく世に出たかと思ったら、その半年後には新団体UWFで「関節技の鬼」になってるんだから凄いですよ（笑）。

斎藤　藤原さんの場合、それだけタメの時代があったからこそ一気にスタメンで大活躍できた感じでした。

鹿島　ボクが憶えてるのは、旧UWFが旗揚げした年の秋ぐらいに地元に来たときがあって、藤原さんはもうスター選手でテロリストTシャツが売ってましたからね。いま考えたら買っておけばよかったなって（笑）。

——胸に大きく「テロリスト」と書かれた斬新すぎるTシャツ（笑）。

鹿島　藤原喜明の1984年って凄いですよね。それを「アングルなんでしょ」の一言ではとてもじゃないけど語れない。

斎藤　その大化け現象はまぎれもない現実であって、アングルでもなんでもないですからね。

鹿島　本当にそう思います。だって売り出されても全然ダメだった人もたくさんいるわけじゃないですか。

斎藤　藤原さんがバカ売れし始めたとき、テレビでしかプロレスを観ない一般視聴者にとっては「いつもリングサイドにチラチラ映っていたあの人」だったわけです。でも熱心なファンの間では「知る人ぞ知る実力者」だった。だからその背景と疾走感にもの凄いリアリティがあった。

——伏線みたいなものですよね。そして売れてからは急に「道場では誰もが一目置く実力者」とか「猪木の影武者とも呼ばれていた」みたいに書かれるようになって。

鹿島　記者の人たちが温めていたエピソードをどんどん出したんでしょうね。

——そして長州力、藤原喜明を一夜にしてスターにした猪木さんの手腕も凄いですよね。

斎藤　それは創立以来の新日本プロレスがアントニオ猪木の製作総指揮、監督、主演だから、誰にもお伺いを立てずに思い切ったことができちゃったのでしょう。それはいまの分業制のプロレスとは違うところですね。

——だから猪木さんが参議院議員になってセミリタイアしたあと、新日本は長州現場監督体制になりましたけど、2002年札幌の「猪木問答」はひさしぶりにおこなわれた猪木さんの〝仕掛け〟だった気もしますね。

鹿島　なるほど。リング上に選手たちが上がって猪木さんと対峙するところまでがアングルだとするなら、その場のアングルでどう返すかが問われていて、いちばんちゃんと答えられた棚橋さんがその後、新日本のエースになっていったわけですもんね。

斎藤　猪木さんから「おまえは何に怒ってるんだ？」って聞かれたけれど、棚橋はそれには答えず、「俺は新日本のリングでプロレスをやります！」って答えたんですよね。

会話というか言葉のキャッチボールにはなっていないんだけど、あえて猪木さんと同じ土俵で勝負せずに彼の世代を代表して自己主張した。そこが棚橋の自己プロデュース的なステートメントだった。

鹿島　凄くクレバーですよね。そのあとトップに立つのもわかるっていう。

——あのとき、棚橋さん以外にも「おまえは何に怒ってる?」って聞かれて「全日に行った武藤です!」と答えて「オメエはそれでいいや」って言われた中西学や、「ボクは自分の明るい未来が見えませーん!」って言って「見つけろ、テメエで!」って言われたKENSO(鈴木健三)も、じつはインパクトを残してるんですよね。唯一、永田さんだけ「すべてに対して怒ってます!」ってアバウトなことを言ってインパクトを残せず、「天下を取り損ねた男」になったという(笑)。

鹿島　そういうオチもついたわけですね(笑)。

斎藤　結局、あの猪木問答がいろんな分岐点になっていたということは、昭和世代のファンにしてみればあまり大きな事件ではないかもしれないけれど、2000年代以降の新日本にとっては重要な事件だったということですね。

鹿島　だからこそ映画でも重要な場面として扱われたという。

「新宿伊勢丹襲撃事件だけの検証映画があってもいいですよね。シンの来日から始まって、襲撃の日までを追うみたいな」(鹿島)

——昭和からのファンと、平成以降やいまの令和のプロレスファンでは、猪木問答ひとつとっても重要度や認識がこれだけ違うんだから、アントニオ猪木の生涯を映画化したら、そりゃ賛否両論も出ますよね。

斎藤　アントニオ猪木の生涯を2時間の映画で描こうということが、そもそも無理な話ですからね。

鹿島　だから今回の『アントニオ猪木をさがして』は、福山雅治さんや安田顕さんが出演して、新日本はアミューズと提携している。アミューズ版のアントニオ猪木映画だと思えばいいと思うんですよ。これが唯一無二の猪木映画というわけじゃなくて、今度は吉本が作った猪木映画があったっていいし。

斎藤　アミューズ祭りだったと評した知人もいました。畑ちがいの監督、演出家、映像作家がそれぞれに描く猪木映画を観てみたいですね。いろいろな理解と認識、映像的な切り口があるだろうし、ひょっとしたら「猪木映画」という新しいジャンルができるんじゃないかな、とさえ思えます。

鹿島　なるほど。たしかにそうですね。料理と一緒で「アントニオ猪木」というお題があって、その素材でなにを作るかっていう。

斎藤　それこそタイガー・ジェット・シンの映画監督デビュー作品として撮らせるとかね。

——タイガー・ジェット・シン製作のインド映画『シンvs猪木』は観たいですね。『RRR』を超えるかもしれない(笑)。

鹿島　新宿伊勢丹襲撃事件だけの検証映画があってもいいわけですよね。シンの来日から始まって、襲撃の日までを追うみたいな（笑）。

――新宿伊勢丹前の再現ロケなんかがあって、エキストラ募集していたら応募しちゃいますよ（笑）。

斎藤　猪木さんは60年以上テレビに出続けた人だから、いろんな時代ごとのテーマで映画を作ることができる。プロレスは時代時代の空気を色濃く映し出すジャンルだから、60年代の猪木、70年代の猪木、80年代の猪木など、猪木を通じてその時代の日本、世界を描くこともできるでしょう。

――Ｎｅｔｆｌｉｘで来年配信されるダンプ松本の『極悪女王』なんかも、ダンプさんという女子プロレスのヒールを通して、80年代を描くものになっているでしょうしね。

斎藤　『極悪女王』の試合シーンを後楽園ホールで撮ったとき、エキストラに応募した友人に聞いたら、80年代半ばという設定なので、客席はひとり残らずＴシャツをズボンにインさせられたらしいです。女の子の観客は髪の毛の結び方ひとつまで細かい指示があったということです。

鹿島　ちゃんとあの時代を再現しようとしてくれているわけですね。

斎藤　アメリカでは12月22日からエリック兄弟の映画『アイアン・クロー』が公開されますが、あれも80年代が舞台ですよね。何度も企画があがっては実現していなかったエリック一家の物語が、ハリウッド予算で制作されたということで、プロレス版『ボヘミアン・ラプソディ』と言われています。

鹿島　それはめちゃくちゃ観たいですね～！

斎藤　エリック兄弟はデビッド、マイク、ケリーと悲劇的な最期を遂げて「呪われた一家」と呼ばれましたが、ひとりだけ生き残ったケビン・フォン・エリックの視点でファミリーの物語が描かれている。フリッツ・フォン・エリックは、デビッドの日本遠征中の死をビジネスチャンスに利用して、テキサススタジアムでフレアーvsケリーのＮＷＡ世界戦を企画したり、そのケリーがオートバイ事故で足首から下を切断したあと、〝マジックブーツ〟を履かせて試合をさせた「非情な父」として描かれているようですけど。

鹿島　凄いな～。『フリッツ・フォン・エリックをさがして』どころじゃないという（笑）。

斎藤　ハリウッド・バジェットだからお金のかけ方も違って、いまはもう火事で消失したダラスのスポータトリアムそっくりのセットを完璧に復元したりして、それはそれは凄いんです。マイケル・ヘイズ、テリー・ゴーディ、バディ・ロバーツの3人にそっくりに扮した俳優が演じるフリーバーズが登場したり。ブルーザー・ブロディ役、リック・フレアー役、ハーリー・レイス役も俳優に演じさせている。プロレスシーンの演技指導はチャボ・ゲレロ・ジュニア担当で。

鹿島　うわー。これはもうすぐに観たいですね！

斎藤　主役のケビン役のザック・エフロンも人気俳優で、しっかり肉体改造して役作りしていて、しゃべり方もケビンそっくりにしている。ケビン役ですから、裸足での試合シーンもかなりいいセンいってるという評価です。

鹿島　言われてみれば、プロレスっていくらでも映画になりますよね。一般の人が観て「えっ、これって実話に基づいてるの？」みたいなことが実際に起こっているじゃないですか。

斎藤　エリック兄弟の場合は、6人いた兄弟がケビンだけ残して、みんなひとりずつ若くして死んでしまったわけですから。

――いやあ、これは日本公開が決まったら、このコーナーでもフミさんに「知ってるつもり!?　エリック一家」を語ってもらいましょう！

鹿島　いいですね。そう考えると、いろいろ言われた『アントニオ猪木をさがして』ですけど、猪木映画、プロレス映画が増えていくきっかけになってくれたら、これまたその後の評価も変わってきそうですよ。

斎藤　アントニオ猪木というレスラーは、その時代その時代で評価、再評価される人だし、プロレス自体がそういうジャンルでもある。猪木さんは今後、どんどん実像から乖離して偶像化されていくと思いますが、ボクたちはこれからもいろんな角度からボクたちのアントニオ猪木像、アントニオ猪木LOVEを語っていきましょう。

斎藤文彦
1962年1月1日生まれ、東京都杉並区出身。プロレスライター、コラムニスト、大学講師。アメリカミネソタ州オーガズバーグ大学教養学部卒、早稲田大学大学院スポーツ科学学術院スポーツ科学研究科修士課程修了、筑波大学大学院人間総合科学研究科体育科学専攻博士後期課程満期。プロレスラーの海外武者修行に憧れ17歳で渡米して1981年より取材活動をスタート。『週刊プロレス』では創刊時から執筆。近著に『プロレス入門』『プロレス入門II』（いずれもビジネス社）、『フミ・サイトーのアメリカン・プロレス講座』（電波社）、『昭和プロレス正史 上下巻』（イースト・プレス）などがある。

プチ鹿島
1970年5月23日生まれ、長野県千曲市出身。お笑い芸人、コラムニスト。大阪芸術大学卒業後、芸人活動を開始。時事ネタと見立てを得意とする芸風で、新聞、雑誌などを多数寄稿する。TBSラジオ『東京ポッド許可局』『荒川強啓 デイ・キャッチ！』出演、テレビ朝日系『サンデーステーション』にレギュラー出演中。著書に『うそ社説』『うそ社説2』（いずれもボイジャー）、『教養としてのプロレス』（双葉文庫）、『芸人式新聞の読み方』（幻冬舎）、『プロレスを見れば世の中がわかる』（宝島社）などがある。本誌でも人気コラム『俺の人生にも、一度くらい幸せなコラムがあってもいい。』を連載中。

兵庫慎司のプロレスとまったく関係なくはない話

第102回　なぜ「いけるかも」と思えるの?

兵庫慎司

兵庫慎司(ひょうご・しんじ)1968年生まれ、広島出身・東京在住、音楽などのライター。前に「焼き鳥屋にギャラ飲み嬢を呼ぶ男」について書いた本誌(125号)で、井上編集長がマッスル坂井氏との対談連載で、「プロレスの話ができねえから」武藤敬司はキャバクラとかクラブに行くのが好きじゃない、という話をしているのを読んで、好感を持ったことを、書きながら思い出しました。武藤敬司なら、キャバでもお持ち帰りできるくらいモテるのでは、という気もしましたが。

男3人で、博多に遊びに行った。まず地元の旨いものを食ってから、キャバクラを3軒ハシゴして、ラーメンでシメる。というコースで遊んだのだが、その3軒のうちの2軒目で、ふたりめに付いた娘に、ビビッときてしまった。かわいいし、性格いいし、何よりも話が合う。すっかり気に入った。というか、好きになった。東京に戻って数日経った今も、その気持ちはさめない、むしろ強くなる一方。だから、ちょっとこれは、本気でがんばってみようかな。こんな気持ちになる出会い、そうそうないだろうし。とりあえず、今度の週末に、博多のその店に行こうと思っている——。

　という話をしているのである。カウンターの隣で、その3人が。以前この連載でネタにした「焼き鳥屋にギャラ飲み嬢を呼ぶ男」を目撃した店だ。3人のうちのふたりは知らないが、「がんばってみようかな」の当人は、この店でよく出くわすので面識があるし、会話を交わすこともある。

　彼は現在、40代半ば。独身で、彼女がほしい、結婚したい、と、いつも言っている。この店で初めて会ってから10年は経つが、ずっとその状態のようだ。

　マンションの一室で行われるお見合いパーティーみたいなのに行ったり、本人曰く「トークスキルを磨くために」ガールズバーに通ったり、友達の紹介で会ってみたり、いろいろがんばっているようだが、どうもうまくいかないらしい。あ、このへんの情報は、彼が他の常連としゃべったり、女将に相談したりしているのがきこえて、知ったことです。僕には話してこない、彼は。「こいつに言ってもしょうがない」と思われているんだろうな。まあ自分でもそう思うので、正解です。

　が、しかし。そんなわけで、彼のこの手の会話には、いつも加わらずに静観しているのだが、今回の件に関しては、口をはさみたくてたまらなくなったのだった。

　連れのふたりは「行くしかないですよ!」「あの娘、いいですよ!」などと盛り上げているが、いやいやいやいや、やめたほうがいいって。無理だって、どう考えても。

　「2軒目のふたりめ」というのは、男3人に対して嬢がひとりずつ付いて、その嬢3人が男ひとり20分ずつ相手をして交代=3

人で60分でおしまい、ということだという。じゃあなた、その娘としゃべったの、20分だけなんじゃん。それで好きになっちゃった、というのは、否定されるべきことではないやもしれぬが、なんでそこで「通えばなんとかなるかも」と思えるの？

キャバ嬢と客が付き合う、ということが、世の中まったくないわけではないことは、その道に疎い僕でも知っている。が、そういう場合って、「すごい金持ちで太客」か「坂口健太郎」かのどちらかであって（「坂口健太郎」は他の大モテ俳優に置換可）、そのどちらでもないきみになびいてくれる、と、なんで思えるの？ んなわけないじゃん。

じゃあ兵庫さんはどうなんですか。自分にはどっかの嬢がなびく、とでも言うんですか。なびくわけないでしょ。昔、偉い人のお供で、六本木で2回キタで1回、キャバクラに行ったことがあるけど、自分に付いた嬢を見て思ったもの。俺には無理！ 住む世界が違う！ と。こんな娘が俺なんぞの相手をするのは、安くない金銭が発生しているからだ、という苦さを、酒と一緒に味わったもの。そこでなんできみは「俺には無理！」って思わないの？ GMOグループの創業者なの？ 坂口健太郎なの？

というようなことを、言いたくてしょうがなかったのだが、ひとことも口をはさまず、席を立った。「それだと論として弱い」という自覚が、一方であったからだ。GMO創業者でも坂口健太郎でもないのに、キャバ嬢と付き合えたり、その末に結婚できたりする男が、まったくいないわけではない。という事実も、知っているからである。

そんなん、宝くじレベルの天文学的な確率じゃん。普通ありえないじゃん。と思うが、そんな確率であっても「ゼロじゃない」ことに希望を託す人がいっぱいいるからこそ、キャバクラやホストクラブがあんなに繁盛しているわけであって。さらに言えば、だからみなさん宝くじを買うわけでもあって。じゃあ、俺のほうが少数派なのか？

あと、そういう女性接客型飲食店関連で、大人になって知って驚いたことのひとつに、「断りきれなくて寝ちゃう」ケースが、けっこう発生するらしい、というのもある。

キャバでもスナックでもガールズバーでも、自分目当てに通いつめる、いわゆる太客に口説かれ続けていると、「こんなにカネ遣ってくれているのに」「断り続けるの、悪いし」「来なくなったらなったで困るし」みたいな感じで、つまり根負けして応じてしまうことも、あるのだという。

中には、スナックでバイトしている小劇団の女優が、公演のチケットをいつもまとめ買いしてくれる常連のおっさんに口説かれ続けて、さすがに断りきれなくなって……みたいな、涙なしにはきけない話もある。

そういうこともある。と考えると、その「博多通いスタート男」も、チャンスがゼロだとは言えないのか。うーん。でもせめて、都内の店にしときゃいいのに。羽田空港―福岡空港、金曜夜出発→日曜夜戻りで、2カ月前にスカイマークで予約しても、往復3万円ぐらい、かかるし。

以上、『KAMINOGE』界隈は、編集も書き手もたぶん読者も含めて、このあたりのことに縁遠い方が大半。と、薄々わかっていながらも、誰かにきいてほしくて、書いてしまいました。

当事者として、その方面に詳しい方がいたら、ぜひ質問攻めにしたいです。

大井洋一の冗談じゃない!!!

おもしろい人はなぜおもしろいのかを
調査する好評連載・第35回

令和ロマン

高比良くるま・松井ケムリ

世界が恐れるIQ漫才

「俺らは東京生まれの東京育ちで、
普通に生きてきただけなんですよ。
そこまでお笑いにも興味がなかったから、
お笑いをやるために田舎から
やってきた人らにはセンスでは勝てない。
でもそこが個性になってる」

収録日：2023年11月9日
撮影：橋詰大地
聞き手：大井洋一
構成：井上崇宏

**お笑いに点数をつけるのは普通という思想を持ち、
地頭の良さと知識量を兼ね備えたニュータイプ!!**

ボクがやっている番組の中で、芸人の永野さんが「歳下では笑いたくない！」「歳下はおもしろくない！」と宣言していました。

凄く極端な感性だなと思うけど、これ、たしかに中学生、高校生のときってこの感覚あったよなと思い出しました。

歳上の先輩の言うことはおもしろいけど、歳下の言うことはガキっぽくて笑ってられない。

それがいつしか自分も歳をとり、まわりには歳下も増え、「歳下の言うことで笑ってたまるか」なんて言ってられない環境になってきたし、おもしろいに歳上とか歳下とかないだろっていうボーダレスな感覚も育ってきた。

いやむしろ、歳下のほうが感性がビンビンに尖っていておもしろい。

あー、歳下で笑いたい！

いま、令和ロマンで笑いたい！（大井）

「俺らは『身近にお笑いがあって、漫才に魅入られて』って世代じゃないから、お笑いに点数をつけることも普通って感覚」（くるま）

——とりあえず今日の段階ですが、M－1準々決勝進出おめでとうございます！

くるま　大井さんも審査お疲れさまでした！

——いや、ボクは見てて楽しいだけで疲れてはいないです（笑）。いきなりですけど、客席でネタを見て、あとでSNSで各芸人さんのネタに点数をつけてる人がいるじゃないですか。あの現象についてはどう思っています？

くるま　えっ、べつにいいんじゃないですか？　俺は全面的に賛成ですけどね。

ケムリ　ボクも好きっすよ。

くるま　でも点数をつけるのはいいけど、そういう人は会場にいても笑っていない可能性が高いですよね。だってメモを取りながらだと絶対に笑いづらいじゃないですか。それはやめてほしいなっていうか、それもまあ自由なんですけど、M－1は特に加熱してるからチケットが取れない人がたくさんいて、そういう方のことも考えるとちょっと、って感じはありますかね。

——今年、オズワルドの伊藤さんは採点をしているライターさんに「採点を拒否します」と宣言してましたけど（笑）。

くるま　あー、伊藤さんはもうあの闘いが長いんですよ。俺らが2年目とかのとき、3回戦の終わりに伊藤さんと一緒に飲んでたんですよ。それがお笑いルポライターみたいな人が現れだした頃で、伊藤さんはその人に低めの点数をつけられてもうブチギレだったんですよ。俺は「いや、べつに関係ないでしょ、そんな人」みたいな感じで言ったんですけど、「いや、許せねえ、許せねえ」ってずっと言ってて。

――その頃から因縁があるんですね（笑）。

くるま それで朝まで飲んで山手線の始発に乗ってるときも、「あー、ぶち〇してえ!」って言ってて。マジで「コイツにDMする」って言い出したんで、それを俺が止めたんですから（笑）。

ケムリ だからこのあいだも「マジであのツイート（採点拒否権あり）を見つけてよかったわ」って言ってましたから（笑）。でも、べつにネタバレさえしなきゃいいと思うんですけどね。

――おふたりにとって、その加熱しているM－1はどういう存在なんですか？

くるま 俺にとっては漫才の見方を教えてくれたものです。東京出身なので、お笑いが関西ほどテレビで流れてないから、なんとなくおもしろいはおもしろいんですけど、単発で観てもよくわからなかったんですよ。

――お笑いというものがよくわからなかった。

くるま でもM－1は一斉に並べられて点数が出るし、そこでいちおう審査員の先生のもっともらしいコメントもある。俺はけっこう真面目なコだったんで「あっ、そういう見方なんだな」って。

――それはお笑いは楽しめればいいっていうものじゃなく、ひとつのカルチャーとして見ている感じですよね。

くるま っていう見方になるじゃないですか。それは関西の人からすると野暮かもしれないけど、関東の何も知らない者からすると、逆に漫然としていればしてるほど入りづらい世界ですから。だけどM－1は素人でもわかるんですよ。「あっ、このネタはこういう理由でダメだったんだ」ってわかりやすくしてくれるじゃないですか。それは引き続き、いまでもそうですね。

ケムリ だからTOEICみたいな感じだよね。

くるま 英検じゃなくてね。

――ごめんなさい、どういうことですか？（笑）。

ケムリ 我々がこれから漫才以外のいろんな仕事をしていくうえで、履歴書に書く資格みたいな。

――あー。「M－1で3回戦に行った」とか「準決勝まで行きました」とか。

ケムリ そうです。だからTOEICに近いかなと思っていて、それが1年に1回更新される感じですよね。

――本来はおもしろさって数値化しづらいものだけど、M－1で数値化したことでお笑いがある程度認識することができたということですね。

くるま まあ、よく「数値化するものじゃない」って言いま

すけど、数値化しないと商売にならないんで「もうそれはいいじゃん」って。そこに尽きますよ。俺らは「昔から身近にお笑いがあって、漫才に魅入られて」っていう世代じゃないから、お笑いに点数をつけたりすることも「普通そうじゃない?」って感覚なんで。

「大学にお笑いサークルがあるから入っておこうってなって、見様見真似でネタを作ってやったらできた(笑)」(くるま)

――そんな感覚でお笑いを見ていて、「俺にもできるかもしれないな」って思ったのはどういうタイミングだったんですか?

くるま 俺は中高がラグビー部で、ちょっとお調子者キャラみたいな感じだったんですよ。

――そのお調子者時代は、特にテレビを観たりとかはしなかったんですか?

くるま テレビは観てましたよ。ただ俺は部活を遅くまでやってたんで、ネタ番組があまりよくわかってなくて、とんねるずさんとか『さんま御殿』とか、オヤジ世代が観るものを録画して家族と一緒に観てた感じですね。

――芸人のネタというよりも、おしゃべりが楽しいものを観ていた。

くるま そっちが好きだったんで、自分もワーッとしゃべるとか、大きい声を出すくらいのことはやってたし。それで大学に入ったら「おまえ、お笑いとかできるんじゃないの?」みたいに言われたんで、じゃあ、お笑いサークルがあるから何個か入っておこうってなって。そうしたら「ネタを作ってやりましょう」みたいなことになり、見様見真似でやったらできたんで(笑)。

――そのときの見様見真似は、何を手本にするんですか?

くるま ＹｏｕＴｕｂｅとかにあがってるような漫才とかを観てですかね。

ケムリ でも大学のときはコントだったよね。

くるま そうだね。俺はドラマとか映画がめっちゃ好きだったんで、ドラマのパロディみたいなコントが多かったです。それをただやっただけだったんで「俺、できるな」みたいな手応えとかないですよ。だって、べつに大学生同士でやってるから「まあ、それはウケるよな」みたいな。

――でも、そこでウケてプロに行こうと思うわけですよね。

くるま 留年もしちゃってたから卒業するのもめんどくさいし、いまから就活をがんばるのも嫌だし、「あーあ……」って思ってたら、サークルのみんなが「よしもとに行く」って言うから「あっ、ラッキー。俺も行く」みたいな。だから集団就職ですよ(笑)。

ケムリ　よしもとの集団就職ね（笑）。

――慶応大学に入って、そこから芸人の世界に進むってキャリアゼロの状態じゃないですか。お笑いは学歴が高いから売れるわけではないし、将来の保証もないなかで不安はなかったですか？

くるま　そういうスタンスで生きてなかったですね。俺、何も考えてないんですよ。ずっと流されるがままに生きてるというか、受験もそうですし、ラグビーもまわりに合わせてやってたし。

――まわりに流されて受験したって言いますけど、慶応に入るためにはそれなりの勉強が必要ですよね。

くるま　受験って必勝法があって、裏技があるんですよ。中高6年間ずっと勉強ができなくて、みんなが受験をするって言うから受験することになったとき、まず理系は無理だと。それで入試科目をなるべく減らしたいから私立の3科目。私立でも早稲田は国語が必要だからダメ。だけど慶応は小論文でよくて、俺はいっぱいしゃべれるから物も書けるしイチかバチかでいける。あとは英語と社会だけやればいい。

――まだ裏技とまでは言えないですよね。

くるま　慶応には文学部だけラクなやつがあって、文学部の試験は英語に辞書を持ち込んでいいんですよ。

ケムリ　文学部だけはそうなんだよね。

くるま　でもじつはそれが落とし穴で、問題は凄く長い文章だから、辞書を引いてるやつは逆に負けなんです。

――時間が足りなくなると。

くるま　最後まで終わらないようになってるんです。だからわからない単語があったら、そこは嗅覚で「あっ、ここはなし、なし」ってどんどん飛ばして、重要なところだけ片づけていくんですよ。だから「これだ！」と思って、東大とか受かった友達から片っ端に辞書を集めて、いちばんクッタクタの辞書にさらに付箋をいっぱい貼って、最強の辞書を作って試験に臨んだんですよ。それで本番も鬼のようなスピードで英語を全部日本語にして、日本語を全部英語にして全部埋めたんです。ラグビーの根性で（笑）。

「スカウトされたくて竹下通りを3往復して、誰からも声をかけられなかったから、その足でNSCに入りました」（ケムリ）

――受験勉強というより、いかに素早く辞書を引くかの練習をしたんですね（笑）。

くるま　俺だけフィジカルで受かったんです。凄いスピードで答えを書いて、それもたぶん間違ってないんですよ。それと運も味方して、入試当日に大雪が降ったんですよ。だからみんな遅刻してきて、ガリ勉はウトウトしながらがんばってたんで。

ケムリ　あれは基礎体力がないと勝てなかったね（笑）。

くるま　ラグビー部は12月まで練習をやってたから体力があった。だから俺って全部から逃げてる人生なんですけど、その逃げ足が誰よりも速いんですよ。

——そして最終的にドロップアウトはしない。

くるま　そうです。落ちないように走って逃げる才能が凄くあって、いまも逃げてる真っ最中ですね。俺らは常に無理しなくていい道を進んでるだけですから。

——ケムリさんはその逃亡劇に誘われた感じですか？

ケムリ　いや、ボクは大学生のときに同期とコンビを組んでやってたんですけど、そいつが普通に就職するって言い出して、そこで相方を失ったんで、くるまに「コンビを組まないか？」って声をかけてプロになったんですよね。だからボクから誘った感じはありますね。

——ケムリさんがプロになろうと思った動機はなんですか？

ケムリ　ボクは完全にお笑いとかよりも「チヤホヤされたい」っていう気持ちが凄く強くて、カッコよかったら俳優とかでもよかったし、歌がうまかったら歌手でもよかったんですよ。

くるま　だからスカウトされようと思ってチャレンジしたんだもんね。

ケムリ　そうそう。原宿の竹下通りを3往復して、誰からも声をかけられなかったから、その足でNSCに入りました（笑）。だからボクはいろんなインタビューで記憶を美化して伝えてきたかもしれないんですけど、お笑いへのこだわりはずっとなかったですね。特にお笑いが好きとかでもなかったし、ただおふざけキャラだったというだけで。

くるま　それはそうよ。関東でお笑いにこだわってるヤツなんかいないよ。気持ち悪ぃ。

ケムリ　だから芸人は消去法というか、「チヤホヤされそうで自分でもできそうなやつ」っていう感じです。

——「関東でお笑いにこだわってるヤツなんかいない」って言いますけど、お笑いの文化が好きな人はたくさんいますよね。

くるま　それはサブカルじゃないですか。東京でお笑いはやっぱサブカルだから、普通に生きてたら出会わないですよね。俺らは普通に生きてたので出会うタイミングがなかったです。中高が男子校で、男子で劇場とかに行ってるヤツなんてほぼいなかったですから。

——そういうマインドでNSCに入ってみて、手応えはどうだったんですか？

くるま　「いけるな」とかはなかったですね。でも「なんとかしよう」っていう。よしもとは課題が明確だから俺には向いてました。

――そこでもまた必勝法みたいなものがあるんですね？（笑）。

くるま　あまり長期のこととかは考えられないんですけど、「この日にライブがあります。チケットノルマが4枚なので4人呼んでください」とか「これに勝ったら、次のステージに行けます」とか課題が明確なんですよね。たとえば太田プロとかほかの大きな事務所だったら、ぼんやり闘わなきゃいけなくて、それはやっぱりしんどい。でもよしもとは「これに上がると、これ。こうしたらギャラがこうなります」とかだからめっちゃ簡単なんですよ。俺は受験でもなんでも、目の前の課題をクリアするのは得意なんで、まずは最初のライブで友達を100人呼んで、友達の力だけで真ん中ぐらいのポジションまでバーッと上がって行って。

――組織票で（笑）。

くるま　そう。まずは組織票で勝って。俺はそういうときの「じゃあ、こうしよう」っていう判断が早いんですよ。先輩からはめっちゃキモがられて「意味わかんねえよ」って言われましたけど、「そんなの知らねえよ」と思ったんで。それで「これだけ呼んだんだから単独やらせてくれよ」って社員さんに言って、1年目の8月くらいに単独をやって、「はい。これは最速記録ですね」とか。やっぱ記録とかはあったほうがいいと思って。それで次は「いまM－1が流行ってるしな」と。「M－1で3回戦くらいまで行っておきゃ、GyaOとかにあがるんだからそれでなんとかなるだろ」みたいな感じで、そうやってよしもとは1年じゅう夢中にさせてくれるんです。すぐに宿題をくれるんですよ（笑）。

――やりがいのある、飽きさせない事務所だと（笑）。

くるま　だから「これが『とりあえず、よしもとに入っておけ』っていう意味か」って思いましたね。たとえ仕事ができなくても、よしもとは宿題を解いておけばいいんですよ。でも、ほかの事務所は自分で仕事を考えないといけなくて、仕事ができるヤツじゃないと売れないんです。みんなしっかりしてるなと思います。

ケムリ　バイタリティがあるしね。

くるま　ワタナベ、太田プロ、ホリプロの人たちはみんなしっかりしてる人なんですよ。よしもとは上の人もしっかりしてないですもん。だって目の前のやつをクリアするだけで昇れるんだから。

ケムリ　〝共同体〟って感じがしますよね（笑）。

「ボクらはとにかくいっぱい量を見てますもん。それは日々の勉強だから素晴らしいことだなって」（ケムリ）

――いやあ、まったくもってニュータイプですね（笑）。「おもしろい」っていうのは感性だから、ガリ勉だけではクリアできないものも多々あるじゃないですか。「アイツらおもしろいな」って思わせなきゃいけないし、そこのオリジナリティを出していかなきゃいけないですよね。そこでの才能のある・なし、自分たちの得意な部分とか苦手な部分っていうのは感じてますか？

くるま　タイプ的に俺らは東京生まれで東京育ちなんで、友達も多かったですから情報量が多いという強みがあるんですよ。知識っていうだけじゃなくて、いろんなセンサーがあるというか。それは自分のなかでは普通のことだったけど、芸人さんでこういうタイプは案外いないんですよね。勉強も得意じゃなかったり、ほかのカルチャーにあまり興味がない人が多いんです。それこそ田舎からお笑いをやるためにバーンとやって来た人は、お笑いだけを描いて来てるから、逆にそういう人らにはセンスでは絶対勝てない。千鳥さんとかがそうですけど、ああはなれないし、ああいう言葉は使えない。

――生き様で笑わせるっていうタイプではないと。

くるま　俺らにはできないですよね。だからエピソードトークとかもないですし、正直おもしろくはないんですよ。だって普通に生きてたんですもん。でも漫才は型が決まってるのでやりやすいですよね。それも宿題と一緒で、たとえばボケとツッコミがあって、しゃべくりなのかコントなのか、コン

トでもふたりともコントに入るのかとか、ツッコミがキャラのあるワードを出すのかとか、1個のボケでも長くツッコむとか、スカすとか。それって、べつに俺らが始めた時点ですでにあるパーツなんで、それを組み合わせてやってるだけです。で、たまたま組み合わせるのが得意っていう。

ケムリ たしかにね。

くるま この派閥の人がいないわけですよ。組み合わせでやってるって人がいないから、そこが俺らの個性みたいになってるだけで、ただの空白地帯なだけですよ。

——もう全部分析なんですね（笑）。

ケムリ でも、たしかに空白地帯ではありますけど、ボクらはとにかくいっぱい量を見てますもん。

——やっぱり圧倒的に情報量が違うぞと。

くるま 本当の研究者ほどは見てないけど、プレイヤーではいちばん見てるよね。

ケムリ それは日々の勉強だから素晴らしいことだなって。

——じゃあ、上の芸人さんたちの存在とかネタについてはどう見えてますか？「古いことやってんな」って思う瞬間とかあったりしますか？

くるま いや、上の人たちの世代の最後尾に俺らがいるんですよ。ノリというかテレビのこととかがギリわかってるのが第四世代で、第五から第七は全部一緒なんです。だからM－1以降は全部同じ価値観で、ネタ至上主義でネタが凄くないとカッコよくないと思ってるけど、テレビあこがれはあって、賞レースで優勝して冠番組を持ちたいという思想がある。それの最後尾に俺らもギリいるよなっていう感じだから、ダウンタウンさんを見てあこがれた世代の人たちはいろいろ取り組んでて偉いなっていうのもあるし、良くも悪くも俺らと同じではないですよね。俺らはたぶんダウンタウンさんと会っても「うわぁ」とか思えないし。

——世代が違いすぎて。

くるま そうです。だけど、みんなの主人公感、キラキラ感、熱い感じにはあこがれますね。

——その熱い感じっていうのは、お笑いに対してのものですか？

くるま お笑いも含めて一生懸命なところです。俺は逃げてここに来たという、そのコンプレックスはありますから。それこそいろんな地方から来たり、大阪から東京に進出してきたり、それぞれいろんな「なりたい自分」がいて、ミルクボーイさんみたいに絶対におもしろいって確信してるネタをやり続けて、「ずっと信じてた」とかそんなの絶対に俺は無理なんで。だからそれを見て俺は泣いてます。

——人の人生にはちゃんと感動する。

くるま 人のことでめっちゃ泣けるんです。高校球児とかそ

ういうのと一緒なんですよ。だからスポーツを観てる感じですよね。「この人たち、ラストイヤーか」みたいな。

――だけど自分の人生にはそこまで熱くなれないっていう？

くるま　全部逃げてるだけだから、もう俺のことはいいんですよ。「ああ、この人たちのためにもM－1を盛り上げたいな」みたいな。「でも俺らもいま期待されてるから、俺らもあそこに行って、そこで最高の人が俺らを倒してくれたりしたら決勝が盛り上がるよな」みたいな。

――えーっ！　そこで倒されても満足なんですか？

くるま　えっ？　いや、俺らが優勝したらもうおしまいですよ、M－1なんて。マジで終焉じゃないですか。

ケムリ　俺は優勝したかったあ（笑）。

くるま　それは単にこの組み合わせを倒すヤツが出てこなかったってことじゃん。そんなのさ、意味ないからな。M－1ってプラスアルファがあるからここまでずっと盛り上がってきたんだから。

――でも逆に言うと、ここまで徹底的に客観的に分析して、あらゆるパターンを出して組み合わせるという情熱がある人もなかなかいないとも言えますよ。

くるま　お笑いの世界ではそれを情熱とは呼ばないんですけどね。これも価値観なんで「そんなこと言うなよ」って言われると思いますけど、俺の考えはこうですから。俺もバックヤードでブチギレたりしたいけど、そのタイプではないっていう（笑）。

「俺らはお笑いに向いてはいるのでラクではあるというか、まわりの前のめりになってる人の助けになりたい」（くるま）

――このままの距離感とスタンスでずっといきますよ、っていうことなんですね。

くるま　でも背負ってることがさすがにあるわけじゃないですか。「決勝に行ってほしい」って言ってくれる人がいるのでその人たちを恥をかかせるわけにもいかないですし。本当は決勝だって家で楽しく観ていたいくらいですよ。それはもちろん手を抜くってわけじゃなくて、全部をやったうえで「でも、これって俺のなかでは芯ではないよな」っていう感覚があるんですよ。自分が何をやっても。

――目標みたいなものってあるんですか？

くるま　だから目標なんかないですよ。全力で逃げてるんですよ。目標があったらそれに向かってるけど、俺らは逃げてるんですよ。後ろ向きなんですよ。しかも逃げ方がバック走ですから。

――ずっと前を向いてはいるわけですね（笑）。

くるま　でもお笑いに関われるのであれば、俺らは向いてはいるのでラクではあるというか、それこそまわりに前のめりになってる人がいっぱいいるから、どういう関わり方かはわからないですけど、そういう人たちの助けになりたいなとは本当に思ってます。

——テレビの仕事に対してはどういうスタンスなんですか?

くるま 完全にいまは本当にテレビが好きな人が出るものですよね。だからテレビが本当に好きな人がいっぱい出ているし、最後の青春ばりにその結実が『有吉の壁』と『ラヴィット』だと思うんですけど。いままでテレビに出られなかった人たちがあそこで弾けて、もう爆散してるじゃないですか(笑)。後輩とかでもテレビに出たいという人はいるから、まあ出ればいいんじゃないですかね。俺らにはそこまでの気持ちはないから。

——テレビに出てこういうことをしたいなというビジョンもない?

くるま 技術的にやりたいことは多少はありますよ。今年の話なんですけど、テレビに呼ばれたときに俺らは「こうしましょう」とかあったんですけど、そういうのがみなさんはいらない感じになってるのがけっこうわかって。

——スタッフ側に?

くるま いろいろあったんですよ。話し合ってる感じで。

——ああ、でもそういうときは絶対にリクエストを出したほうがいいですよ。あがってきた企画に対して「ちょっと違うな……」っていうクエスチョンがあったら絶対に押し返して、自分たちがおもしろいと思うものを作らないと自分たちがつまらなくなっちゃうから。

くるま それはめっちゃ思うんですよ。

——令和ロマンは特にそうなんですよ。令和ロマンの感性がほしくて企画が始まって、だけど制作者のほうが先輩だったりするから「ああ、はいはい」って感じになりがちな気がするので、そこでぜひ喧嘩してほしいなって思いますね。

くるま むしろ俺はめっちゃ言うんですよ。けっこう言ってそれで変わるのはいいんだけど、言っても響いてない感じとか、それに俺はもう腹が立つというか(笑)。

——「じゃあ、もういいや」ってなっちゃうんですね。

くるま っていうか、かわいそうなんですよ。かわいそうになって一緒にいられないんですよ、テレビの場所に。せつなくなるんですよ。胸が凄く痛くなる。

——それはどういうせつなさですか?

くるま お笑いって、劇場だとお客さんに触れてるから何がおもしろくて、何がおもしろくないってわかるんですよ。それを勝手にわかってみんな強くなっていくんですけど、それがわからない場所にいることにです。作家さんのなかでも難しいじゃないですか。何がおもしろかったのかって、芸人がおもしろかったからウケたのか、設定がよかったからなのかっ

て。それを判断するのってマジでセンスじゃないですか。そのセンスがないと無理っていうのが絶望的な世界すぎて、それがもう怖くて、照明さんとか音響さんとかカメラマンさんも、何も言語化されていなければ体系もない仕事で、見て覚えるしかないという感覚のるつぼみたいなのが「ああ、かわいそう……」と思って。俺はフジテレビで6年間バイトしてたんで、そういう裏も見てるから、心臓が痛くなるくらいその場がつらくなっちゃうんですよ。だから気楽にできる『バラバラ大作戦』ぐらいならいいんですけど。

――テレビという母体が大きいものほど、わかっていない人がいるんだろうなとか、無理にわかった感じで帰ってこなきゃいけないんだろうなみたいになるっていうか。

くるま　でも、その人たちの仕事を取るために、わかってないけどわかった感じでやって、笑って、ディレクターさんとかが「じゃあ、行きましょう！」って言ってる感じが俺はもう耐えられないんですよ（笑）。共感性羞恥というか、なんか嫌な気持ちになっちゃうんで、ちょっと距離を置こうと思って今年の春ぐらいからおとなしくしてましたね。だからけっこうテレビはお断りしてるというか。

ケムリ　そうだよね。

くるま　そこはテレビが大好きな同期や後輩とかいっぱいいるんで、だったらそういう人がやって、それを経てツイッター（X）のフォロワーが増えてうれしいっていう人もいるわけだから、そういう人と仕事をしたほうが絶対にやりがいがあるし、いいものになると思うので。だから、これは俺が悪いっていう話ですよ？（笑）。

――アハハハ。そこで自分の感性を伝えたいっていうことではないんですね。

くるま　それはもう別の場所があるんで。それでもちょっと無理をしてテレビをやって、それで怒られたりとかもしてるんですよ。悪口とかも言われて。「あの番組のAPさんに悪口を言われてるらしいぞ」とかそういうのを聞くと、「サラリーマンなのに余計な仕事を増やしてしまったなあ。マジでごめん」って思っちゃって。

――やっぱり俺が悪いと（笑）。

くるま　本当にそうなんですよ。だから嫌な気持ちにさせたくないから関わらないようにしたほうがいいなって。「俺らが勝手に邪魔しに行ってごめんね」っていう感じです。

「やっぱりおじさんが漫才をしてるほうがおもしろいから『おじさんのボクはどんな感じになるのかな?』って楽しみ」（ケムリ）

――わずかながらでも、こういう芸人になりたいなっていうビジョンはないんですか?

くるま　うーん、ないんですよね。ビジョンを描けないっていう病気なので、描いてないんですよ。カフェとか開きたいなとは思いますけど(笑)。

——まったく違う話(笑)。

くるま　そういうのはありますよ。昼はハンバーガーとコーヒーで、夜はクラフトビールを出したいな、ぐらいはありますけど。

ケムリ　それ、めっちゃいい店じゃん。

くるま　でも、そのためにお金をいくら稼ごうとかっていうのは1ミリもわからないし、ラッキーでやれたらいいなぐらいの。とりあえずいまのことに取り組むのと、それ以外の時間はゆっくり過ごしてじゃないと、もう無理。

ケムリ　ちゃんと休めないとな。

くるま　俺らだけですよ、かならず週1休みを取ってるのは。週2休みのときもあるもんね。

ケムリ　全然ある。

——ちゃんと休みを取ることをマネージャーにリクエストして。

くるま　そうですね。なので友達の結婚式にも行けますし、そんなんでいいんですよ。

——ボクは作家の仕事を26年くらいやってるんですけど、いまだに仕事を断ると心配でドキドキしちゃうんですよ。

くるま　さすがですね、それは。

ケムリ　売れている人はそういう人が多いですよね。

——この病気はいつ治るんですかね?

くるま　それは病気とか治るとかじゃないですよ。作家さんとして、その精神性が素晴らしいんですよ。プレイヤーっていうよりも作家さんとして凄く優れていますよね。

——そういう仕事を断ったときの心配ってないんですか?

くるま　そんなのわかんないですもん。

ケムリ　わかんない(笑)。

くるま　もしかしたら今後お笑いがあまり流行ってなくて、枠がないってなったらそういう心配もあるんじゃないですかね。だからカネがなくなったら考えるんじゃないですか? べつにね、いまは食えてるし。

ケムリ　それは本当にそうだな。お金はあるからね(笑)。

くるま　気にならないよな。べつに貯金とかもしないけど、カネがなくなったら慌てるな。だから元気じゃなくなったらとか、気力がなくなったとか、歳をとったら「やべぇ……」ってなるのかな?

ケムリ　そうしたら漫才とかやればラクだもんな。

くるま　ゆっくり漫才できる場にいられたらいいけど、そんな甘い話じゃないし、ずっとがんばってた人が勝つんだと思うし、そのほうが正しいと思うし、俺らはゆっくり死ぬだけじゃないかな。

——でも下火になって死ぬのって、凄くつらいと思いませんか？

くるま　そうですね。本当に嫌ですね。それだったらいま死んだほうがラクだなと思いますね。まあ、いまはM－1のバブルがあって給料ももらえるし、まだ若くて元気だから、お酒を飲んだりご飯を食べても美味しいし、まだ行ったことがない場所とかもあるし。それでもう全部飽きたってときに死にたいですね（笑）。

——ケムリさんは、本当にこのくるまさんのマインドと同じなんですか？（笑）。

ケムリ　べつに同じじゃないっすよ（笑）。同じじゃないですけど、ボク自身がおもしろい人間になるっていうことはけっこう好きなんで、おもしろくありたいというか、漫才とかも先輩とか見てると、やっぱりおじさんが漫才をしてるほうがおもしろいじゃないですか。

くるま　おもしろいねえ。

ケムリ　だから先輩を見てると自分が楽しみになります。「おじさんのボクはどんな感じになるのかな？」みたいな。ボク個人で言えば新喜劇とかにも出たいですもん。新喜劇っておもしろい人たちの集まりじゃないですか。

くるま　ああ、なるほどね。わかるわ。

——個々のポテンシャルが高いですよね。

ケムリ　そっちでありたいです。だから逆にボクはテレビとかには出たいというか。ボクって企画はなんでもよくて、そこで何かおもしろいことを言えたらいいなと思って出てるんで。

くるま　それは出ておもしろいっていうか、打ち上げとかでおもしろいことを言いたいんでしょ？

ケムリ　ああ、どっちかと言えばね（笑）。っていうか、常にその状態でありたいっていうか。無敵状態みたいな。

——じゃあ、とにかくいまはM－1に向かって、そこから先はまたそのときに考えるってことですね。

くるま　また考えます。だから俺らが動き出したら、何か焦ってるときなんだろうなって。

——やたら動きが激しくなってきたら、何か異変が起きたサインかもしれない（笑）。

くるま　「お笑いブーム去る！」とか。

ケムリ　地震の前に最初に逃げる動物みたいなね（笑）。

くるま　でもそういうふうに見てほしいな。俺をクジラとかだと思って見ててほしい（笑）。

ケムリ　おまえが岸に打ち上げられてたら何かの予兆だな（笑）。

くるま　その予兆を告げる自信だけは本当にあるわ。とにかく俺は逃げ足がいちばん速いからな。

令和ロマン
吉本興業東京本社に所属するお笑いコンビ。令和2年度NHK新人お笑い大賞優勝、2018年M-1準決勝進出。

高比良くるま（たかひら・くるま＝写真・左）
1994年9月3日生まれ、東京都練馬区出身。令和ロマンのボケ担当。趣味はビールを飲むことや自転車に乗ること。特技はラグビーと人生相談。

松井ケムリ（まつい・けむり＝写真・右）
1993年5月29日生まれ、神奈川県横浜市出身。令和ロマンのツッコミ担当。
趣味はYouTuber研究やカブトムシ・クワガタの養殖。特技は卓球とベース演奏。

大井洋一（おおい・よういち）
1977年8月4日生まれ、東京都世田谷区出身。放送作家。『はねるのトびら』『SMAP×SMAP』『リンカーン』『クイズ☆タレント名鑑』『やりすぎコージー』『笑っていいとも!』『水曜日のダウンタウン』などの構成に参加。作家を志望する前にプロキックボクサーとして活動していた経験を活かし、2012年5月13日、前田日明が主宰するアマチュア格闘技大会『THE OUTSIDER 第21戦』でMMAデビュー。2018年9月2日、『THE OUTSIDER 第52戦』ではTHE OUTSIDER55-60kg級王者となる。

kiwi
papaya
mango

坂本一弘

馬乗りゴリラビルジャーニー（仮）

第39回 山本“KID”徳郁

構成：井上崇宏

（さかもと・かずひろ）
1969年3月4日生まれ、大阪府大阪市出身。
修斗プロデューサー/株式会社サステイン代表。

――修斗から生まれたスターっていっぱいいますけど、U-NEXTが大晦日にドキュメンタリーを放送するらしいので、今回は山本〝KID〟徳郁選手についてお聞きしたいなと思いまして。

坂本　あの、「修斗から生まれた」っていうのってちょっと語弊があるのかもしれない。もうKIDに関しては、最初にパッと見た瞬間に「あっ、コイツは！」っていうのがありましたから。

――参戦する前からすでにスター性抜群だったわけですね（笑）。

坂本　その感じというのは、もちろん佐藤ルミナや桜井〝マッハ〟速人にもあったと思いますよ。でもKIDはちょっと特殊というか、異質な輝きがありましたよね。危うさというか、危険さというか。それは最初から感じました。

――あれだけのレスリングエリートがMMAに転向してきて、でも飛び級なしでアマチュア修斗に出たんですよね。

坂本　2000年ですね。それはエンセン（井上）さんが決めたんですよ。「おまえ、これをやらなきゃダメだから」って言ってKIDを全日本アマチュア修斗に出したんですよ。

――MMAをイチから教えたエンセンさんの采配で、アマ修からやらせたと。

坂本　だからエンセンさんも素晴らしいし、その後KIDがいつまでも「修斗をやらなきゃダメだよ」と言って、堀口恭司とか弟子をみんなアマチュア修斗に出していた理由はそこですよね。自分も通った道で、それが間違いではなかったということをどっかで思ってくれていたんだと思うんですよ。

――ボクはデビューする前にPUREBRED大宮でKIDを見てるんですよね。エンセンの取材に行ったらKIDがいて「あっ、これが山本美憂の弟か」って。それで取材中、横目でちらちらとスパーリングをやってるのを見たんですけど、もう動きのスピードが速すぎて動物でしたね。

坂本　そうなんですよ。だから、まずエンセン井上という人を通すことによって彼が開花した部分はありますよね。最初のMMAの入り口がそこだったのでよかったのかなと思いますよ。

――レスリングからMMAへの転向を勧めたのもエンセンで。

坂本　だからKIDはずっと修斗には愛着というかリスペクトの気持ちを持ってくれていたと思います。会場にもよく来てましたし、堀口恭司もちゃんとアマチュア修斗からやらせたというところにもKIDの遺伝子を感じさせますよね。

――どうして最初から特別なオーラを放っていたんですかね？

坂本　やっぱり子どもの頃から父・郁榮さんの英才教育があったからでしょうね。山本家に生まれた以上、たとえ逃げたくても逃げられない状況というか、遊びたい盛りにずっと練習して、タンパク質と言えば豆を食べさせられていたと聞いてます。そういうスパルタ教育を施されてきて、それでもお父さんに対するリスペクト、絆が凄かったじゃないですか。だから「親父が格闘の神だから、俺は〝神の子〟なんだ」って、あんなイカしたセリフを吐いてね。

――当時、郁榮さんは日体大の教授をやっていたと思うんですけど、学生からサインを求められたとき、サインの横に「神の子の父」って書いていたらしいです（笑）。

坂本　いいですねえ（笑）。

――「神」って書けばいいのに（笑）。

坂本　「神」と「父」がかぶってますからね（笑）。そういうセリフがパッと出る人がスターになるじゃないですか。プロレスで言えば猪木さんもそうだったし、長州さんもそうだし。パッとそのワンフレーズが出るだけで、その言葉に惹き込まれる、もちろん試合にも惹き込まれる、そういうところも含めてスターだなと。それでああ見えて、って言ったら失礼ですけど、凄く礼儀も正しかったし、会場でボクなんかと会うと、椅子に座っててもちゃんと立って「お疲れさまです！」って言ってくれるくらい。それをほかの団体の人が見ていて「KIDってあんな感じなんですね。坂本さんと会うと立って挨拶をするんですね」ってビックリしてたくらい礼儀正しかったです。そこもやっぱり親の教育じゃないですか。いま思い返すとKIDみたいな選手が出てくれていたのは凄くうれしいですね。いまKIDの試合を観返してみても凄いですもんね。

――ボクもいまだにKIDのKO集みたいな動画を定期的に観てますから。

坂本　逆に井上さんは一時期、KRAZY BEEに通ってたりもしてたじゃないですか？　けっこう会ったりしてました？

――いえ、そのときはもう姿を消して療養をしていた頃なんですよ。その前はもちろん何度も取材で会ってたんですけど。

坂本　『KAMINOGE』の取材対象としてのKIDはどういう存在でした？

――最初がわりと創刊してまもなくのときに音楽の話を聞くだけのインタビューをやって、それはボクが聞き手ではなくて後輩だったんですけど、取材から帰ってきた後輩が「ＫＩＤさんが『音楽の話だけするのとか全然アリだと思う』って言ってました」と。「おー。どういうこと？」って聞いたら「格闘家が格闘技の話をしたって全然おもしろくないし、そんなのはマニアが読みたいだけ。でも自分が好きなカルチャーとかの話をしたら、そっちのファンも来てくれるから業界が広がる」みたいなことを言ってたらしいんですよ。それでボクらは「やった！　やっぱそうだよな！」って盛り上がったんですけど。

坂本　それはのちの『ＫＡＭＩＮＯＧＥ』の方向性にも関わるエピソードかもしれませんね。

――まさにそうなんです。そのあとはボクも何度か取材して、なんか定期的にショートメッセージをくれるんですよね。「たぶん『ＫＡＭＩＮＯＧＥ』に合うんじゃないかって企画があって」とか「今度こういうことをやろうと思ってるんですけど、『ＫＡＭＩＮＯＧＥ』でイケてる感じで扱ってもらえませんか？」みたいな。意外とボクらの仕事を認めてくれていた感じがしたんですけど。

坂本　そう。ちゃんと業種の違う人間に対してもリスペクトがあるんですよね。あとは同じ時代に魔裟斗くんのようなスーパースターもいたのがよかった。ふたりの対戦は当たり前のように盛り上がったし、そもそもＫ－１デビュー戦でいきなり村浜（武洋）と試合して、しかも勝つっていうのがもう。やっぱり生き様がイカしてましたよ。

――まあ、当初はかなりのバッドボーイでしたが（笑）。

坂本　「ここからのし上がっていくぞ」というなかで、何か爪痕を残さなきゃいけなかったわけじゃないですか。そこでの表現のひとつとして悪童を演じるというか、そういう読みがあったんじゃないかなと思うんですよ。多くの人はそこができずに人生を歩んでいて、空気を読みながら生きてる人たちにとっては痛快だったと思うんですよね。単純に勧善懲悪の悪ではない、格闘技界にとって初めてのダークヒーローだったんじゃないですかね。もともとカッコいいんだろうけど、強いということは前提で、そういうセルフプロデュースを施してトップを目指すやり方というか、だからいままでも選手たちにはＫＩＤみたいな選手を目指してほしいなとは思っていますね。

――本当にそうですね。

坂本　「いや、俺にはなれないよ」でもいいんですよ。だけどどっかでＫＩＤという選手がいたことでひとつの手本があるので、ＫＩＤと同じことをやらなくても、何か少しでもプロ意識を得たいっていうふうに思ってくれたら、格闘技の見え方もまた違ってくる。もっともっと輝ける可能性があるコたちがいっぱいいるんですよ。いまの選手たちに、今一度ＫＩＤが通ってきた道、軌跡を確認してみてほしいなって思いますね。

――たしかに。それでＫＩＤと同じことをやらなくてもいいというか、むしろ同じことをやろうとしたらダメですよね。当時Ｋ

ーDがどういう思いだったか、どういう感覚だったかを自分なりに解釈して、また新しい表現で出てきてくれたらいいですね。

坂本　なんかね、「もしKーDが生きていたら」とか「もっと見たかったな」って思うことって、なんか罪ですよね。ここまで俺らもしぶとく生きてるんだから、俺らのひとつの役割として「KーDってこうだったよね」とか「KーDがいたからこうだったんだよ」っていう語り部になるしかないですよね。だから長生きをしようっていう。そうしてこの業界を見届けていこうって思うのはいいんじゃないかなって思うんですよ。べつにご意見番になるつもりは全然ないけど、「こんなクールでカッコいい男がいたんだよ」と伝えることができるだけでも、「俺はそんな男になれねえかもしれないけど、挑戦してみてえな」って選手に思わせることができる人でしょ。だからみんなKーDの試合なりを観たほうがいいんですよ。1回は観たほうがいい。

——まさにお手本ですね。

坂本　試合を観るだけでも、何か感じたりとか考えたりするだけでも十分じゃないですか。たとえば猪木さんにあこがれても猪木さんになれたプロレスラーはいないじゃないですか。べつになれなくたってもいいと思うんですよ。だけど少しでも真似してみよう、近づきたい、吸収したいとなれば。でもナジーム・ハメドにあこがれて、彼のかわす動きとかを真似してみて、それで劣化版が増えてしまったという例もあるんですけど（笑）。

——だからKーDもハメドのスタイルを参考にしていましたよね。やっぱり、参考にしたものをどう吸収するかっていうのも大事ですね。余談ですが、これは業界の人なら誰でも知っていることなんですが、KーD時代のKRAZY BEE所属選手たちはしゃべり方がみんなKーDになってるっていう（笑）。

坂本　もうそれは矢沢永吉さんと一緒じゃないですか。矢沢さんに会ったら、その帰り道ではみんな矢沢さんのしゃべり方になってしまってるっていう。本当に「で、おまえ、どうする?」とか言っちゃうらしいですよ（笑）。もうね、しゃべり方が人に移っちゃうくらいの人は本当のカリスマですよね。いや、やっぱいいですね。まわりがみんなKーDと同じしゃべり方になるっていうのは。だからそれだけみんなあこがれが強いんですよ。あこがれプラス、ハートですよね。ずっと「いいじゃん、恭司!」とかって褒めてくれていたから、そりゃ近くにいた人たちは影響を受けまくりますよね。「カンチョル、やっちゃいなよ!」とかね。

——「やっちゃえNISSAN」ですね（笑）。

坂本　スターの共通点は「やっちゃえ」って言うところだったんですね。これは大発見だ（笑）。

TARZAN by TARZAN

ターザン バイ ターザン

はたして定義王・ターザン山本！は、ターザン山本！を定義することができるのか？「前田は猪木イズムじゃないんですよ。彼は山本小鉄イズムなんですよ！　そうして反猪木となり、猪木さんを批判すると注目されるわけじゃないですか。そこで前田は『あっ、これがプロレスか！』と覚醒するわけですよ。天下のアントニオ猪木を批判するということは出世へのいちばんの近道だということを前田は直感したんだよね!!」

絵　五木田智央　聞き手　井上崇宏

第五十章

前田日明のイズム

「前田は猪木を客観視して捉えることができた、ただひとりの人間なんですよ！」

——今号はひさしぶりに前田日明さんが登場です。というわけで……。

山本　ここは『アントニオ猪木と前田日明』がテーマということだな？　ごちゃごちゃ言わんと、俺にまかせとけ！　あのね、前田日明というのは新日本プロレスという団体の歴史の中で唯一、アントニオ猪木の首に鈴を付けにいった男ですよ。「猫の首に鈴を付ける」という言葉があるけども、普通さ、ネズミは猫にガブリという形で食われちゃうから鈴を付けにいけないわけですよ。怖がるというか、不安もあるし、大それたことだし、至難なことだし。ところが前田は猪木の首に鈴を付けにいったんだよね！

——ガブリという形で食われちゃうかもしれないのに。

山本　つまり、前田は猪木と自分が対立概念であることを認識してしまったわけよ。ほかの人間にとっては、猪木は雲の上にいる恐れ多い人じゃないですか。だけど前田は猪木を客観視して捉えることができた、ただひとりの人間なんですよ。それで前田は本能的に鈴を付けにいったんだけど、そのことが自分にとっていちばんおいしいことであると発見した男でもあるんよ。普通は団体の中で、会社の中で社長批判はできないわけですよ。なのに前田は堂々と猪木批判をやったんだよね！　まったく前代未聞の男ですよ！　ただ、それを前田はおいしいからと確信犯的にやったのか、無意識にやったのかがわからないんだよね。ここが前田のいちばんおもしろいところなのよ。

——最近になって、前田さんは「身内とか近しい人間をも騙すのがプロレスで、それは猪木さんから学んだことだ」と言ってますよね。つまり、すべての行動は意識的にやっていたことだと。

山本　そんなの、あとづけどころか大ウソですよ！

——えっ！　いやいや、山本さんが確信犯的だったか無意識だったかがわからないと言うから（笑）。

山本　それは大ウソなんですよ！　ときどき辻褄を合わせて、ときどき衝撃的でスキャンダルな発言をしていくのが前田の処世術なんですよ。

——そのときどきで気のきいたことを言っていくと。

山本　それが前田が身につけた最大のプロレス的処世術で、そうはもう天下一品ですよ。なぜ、それを前田は学んだかって言ったら、前田ってね、猪木イズムじゃないんですよ。彼は山本小鉄イズムなんですよ。いい？　新日本に入門したとき、前田はプロレスに対して無でこの世界に入っているわけじゃないですか。そこで小鉄さんがプロレスのあり方だとか、技術だとか、道場論や練習論なんかを徹底的に細かく教えて、そうして前田は小鉄さんから至近距離で「プロレスとは?」を叩き込まれたから、そもそもは小鉄イズムなんですよ。

——小鉄イズムの継承者ですか。

山本　そう。小鉄イズムが三つ子の魂みたいになっているわけですよ。そこから彼は一生懸命練習をして、デビューした。

——なんせ筆おろし(デビュー戦)の相手も小鉄さんですもんね。

山本　そうそう。そして年齢を重ねて成長して、いっぱしのレスラーになっていったことで初めてアントニオ猪木が見えてきたわけですよ。そういった意味で前田にとって小鉄さんが最初の神なんですよ。でね、ここがいちばんおもしろいところで、ほかのレスラーは誰も小鉄さんのことを神だとは思っていないわけですよ。

——ちょっと煙たがられる存在というか。

山本　嫌がられるというか、めんどくさい人なんですよ。でも前田というのはある意味、素直で人を信じやすいタイプだから、小鉄さんから「レスラーであっても社会人としてきちんとしていなければいけない」とか、「練習は厳しくやらなきゃいけない」とか徹底的に細かく道場で教え込まれて、刷り込まれてしまったわけですよ。だから前田の原点は小鉄さんなんです。その次の段階でバッと現れた神がアントニオ猪木なんだけど、小鉄さんと猪木さんというのはちょっと対立してるんですよ。めちゃくちゃに。

——ちょっと、めちゃくちゃに。

山本　猪木さんにとっては小鉄さんは組織にいないほうがいいわけですよ。要するに企業理念だとか、会社の損得とか、団体の経営方針とかを小鉄さんはガチャガチャ言うけど、猪木さんは不条理な人じゃないですか。

——俺に正論を説くなと。

山本　それで小鉄さんは無理やり早く引退させられたわけよ。ピンピンしていたのに39歳という若さで。そうして猪木さんは小鉄さんを排除したわけですよ。その排除されたところを見てたのが小鉄イズム継承者の前田日明で、当然ながらそれで前田は反猪木になるんですよ。小鉄さんの価値観、美意識、道場論から、猪木を否定することが絶対的に正しいと思っていたわけよね。そういう視点で猪木さんのことを見つめていて、それで実際に猪木さんを批判すると注目されるわけじゃないですか。

「小鉄イズムのイノセントなヤツが突進してくるんだから、それはめんどくさいよ!」

——大きな反響があるなと。

山本　「あれ? どういうことだ……」と。そこで前田の覚醒が起こるわけですよ。「あっ、これがプロレスか！」と。天下のアントニオ猪木を批判するとこんなに反応がある、これは出世へのいちばんの近道だということを前田は直感したんだよね。

――ちなみに前田日明の中に藤原イズムはないんですか？

山本　組長はあくまでも極めっこのスパーリングの中の世界の人で、それ以上でもそれ以下でもないじゃない。いつも酒を飲んでるし。そういった意味ではプラスアルファはないんですよ。小鉄さんと過ごした時間こそが前田の原点としてあり、〝第一次前田日明〟を作ったわけ。それは要するに巨大な洗脳なんですよ。小鉄イズムなんですよ！

――反猪木を刷り込む小鉄イズム。

山本　猪木の不条理に対する正義感という対立概念が生まれたわけだから、前田の言っていることもすべて正義感なんですよ。だから前田は小鉄さんに感謝しなければいけないんですよ。自分自身も人間爆弾になったわけだから（笑）。

――前田日明は〝二代目人間爆弾〟だった。二代目はずいぶんデカいぞと（笑）。

山本　小鉄さんが前田を二代目人間爆弾に作り上げたわけですよ。だから前田は猪木さんを否定するときに小鉄さんの名前を出していたじゃない。「新日本イズムとは道場を見ていた小鉄さんであって、猪木さんではない」ということを言い続けて、そうして小鉄さんのことを持ち上げていたのは前田だけですよ。

――たしかにそうなんですよね。

山本　猪木さんはスーパースターだけど、正義というフィルターから見てみたら、めちゃくちゃ不条理で変な人じゃないですか。でもスーパースターであると。そのときに前田は猪木の二面性、つまり表と裏を見たんだよね。

――人としてはいかがなものかと思うが、たしかに大衆を魅了していると。

山本　凄く派手だし、オーラもあるし、凄い人だなと。でも、その裏面もあるわけよ。前田はその両方を見て「あっ、これがアントニオ猪木だな」っていうことを客観的に評価したんよ。そこで前田のさらなるステップアップが始まるわけですよ。

――その裏表にピントが合ったというのは感性がいいですよね。

山本　感性がいい。だから否定もするし、肯定もするという。それが前田日明という男の価値を生んだんですよ。だから反猪木として唯一の対立概念になったのは前田なんですよ。（急に立ち上がり）それも接近戦でやったわけですよ！

――言われてみればですけど、猪木の前田に対する眼差しというのは、小鉄さんを見ているときと同じような感じでしたもんね（笑）。

山本　そうそう！（笑）。

――「ちっ、めんどくせえな」「はいはい。うるせーな」みたいな。

山本　「子どもっぽいな」とかね。

――「小鉄だってやってんだぞ」みたいな（笑）。

山本　（ドカッと椅子に座り）小鉄にも裏表があるだろと。それなのに表の小鉄イズムを刷り込まれたイノセントなヤツが突進してくるんだから、それはめんどくさいよ！

――イノセント猛進！（笑）。

山本　猪木さんからすると「もう、コイツは説得してもわからねえだろうな」っていうさ。それが前田日明がプロレス界で浮上していく大きな要因になってるんだよね。そういう意味では前田はもの凄くラッキーで、もともとあの人はそんなにカネ儲けをしようとか、出世しようとか、そういう欲はないんですよ。だけど、他力本願で凄いことをどんどんやっていくわけですよ。そのひとつが、アンドレ・ザ・ジャイアントとの不穏試合ですよ！　そして長州の顔面を蹴ったのも不穏試合じゃないですか。あれらは力道山vs木村政彦や猪木vsグレート・アントニオを彷彿とさせているわけですよ。そういったことを経て、前田がどうなっていくかというと、猪木の最大のコピー化をしていくんですよ。猪木のコピーをして大成功したのが前田なんですよ。

「自分との関係性が薄かったから、前田に『先にUWFに行ってこい』って言ったんですよ！」

――小鉄イズムを持った猪木クローン（笑）。それが〝第二次前田日明〟なんですね。

山本　クローン！　コピー！　最大のコピーですよ！　だからナウリーダーとニューリーダーの世代闘争が勃発したときにも前田はひとりだけ「誰がいちばん強いのかハッキリさせたらいい」っていう言葉を吐いてしまうわけですよ。

――世代闘争だって言ってんのに（笑）。

山本　そこでまた前田が浮上していく。それは猪木クローン的な発言なわけですよ。

――ちょっと予定調和じゃない、仕掛けることを言うと。

山本　UWFと新日本が対抗したときに、UWF側で代表決定決定戦をやって勝った人間が猪木に挑戦したでしょ。あれで誰もが猪木vs前田を想像していたのに、前田は藤原に負けて藤原が代表として出てくるわけじゃないですか。それで猪木vs藤原戦の試合後に前田は猪木のアゴを蹴って、控室でも「猪木なら何をやっても許されるのか！」って言ったでしょ。あれもまさに猪木クローンですよ。

――状況ごとにアントニオ猪木が言いそうなこと、やりそうなことをやったと。

山本　それを本能的にやったのか、無意識でやったのか。とにかく前田は超ラッキーな男だよねえ。

――アントニオ猪木を対立概念にした時点で、自分の位置が上がりますからね。

山本　それってもうプロレスの世界ではフライングしている

わけじゃないですか。それって許されないことだから誰もやらなかったわけですよ。やっぱね、あの人は天然ですよ。天然だから許されていたわけですよ。天然コピー、天然クローンですよ。だから、そこに根拠とか理屈を差し込むとおかしなことになるんですよ。その都度その都度、天然で刺激的なことを言語化できる男ってだけなんですよ。長州のことを「言うだけ番長」って言ってみたりさ、抜群の言葉を駆使するわけですよ。それで前田は第二次UWFじゃなしにリングスで初めて猪木コピーを完成させたんですよ。

——猪木さんは前田日明のことをどう思っていたんですかね？

山本　いやいや、猪木さんは自分以外のレスラーについてはなんとも思っていないからね。しかも前田のことは第2世代だと思ってるから、さらに意識もちょっと遠いわけですよ。

——あまり興味がなかったと。

山本　特に関わりたくはないと（笑）。まだ藤波や長州とだったら阿吽の呼吸でできるけど、前田との間にはそれがないと。ややこしいと。だからね、「先にUWFに行ってこい」って言ったんですよ。

——なるほどっ。

山本　あんなことをね、藤波とか長州に言ったら、彼らはもうショックを受けて寝込みますよ！　でも前田はその指示を受け止めてくれる。ということは関係性が薄いということなんよ。だから気楽な感じで「先に行ってこい」と言うわけですよ。藤波と長州だったら重く受け止めて大変なことになりますよ。だけど、そういう物語があったから、それ以降は前田の独壇場になったんだよね。藤波や長州にはいない〝信者〟がいるじゃないですか、前田には。それは猪木クローンだからですよ。猪木信者がいるように前田信者という人たちも存在する。彼らはいまでも凄く熱烈じゃないですか。

——藤波ファンや長州ファンというのは多くいるけど。

山本　前田だけは別格で信者がいるんですよ。前田も彼らに応えるように刺激的な言葉をその都度、適当に言うわけですよ。前田はそのコツを知ってるんだよね。

——でも前田日明ってずっとひとりぼっちですよね。そんな感じがしません？

山本　だから前田が「先に行っておけ」と言われてUWFに行ったあと、茅ケ崎のほうのジムでひとりでトレーニングしてるところを俺は取材しに行ったことがあるんだよね。あのとき、本当に前田はもの凄く孤独だったね。でもね、もの凄く孤独なんだけど、寂しいとかっていう気持ちをあまり表に出さないというか、孤独に強いのか弱いのかわからないみたいな。だからUWFが崩壊したときも誰も前田についてこなかったじゃないですか。三派に分かれたときに前田だけがひとりぼっちになったじゃないですか。

——それで、いまもひとりぼっちのような気がしますね。

山本　まわりはなんか壁を感じるんだろうね、前田に対して。

前田のほうに何か理由というか原因があるんだよ。でもさ、彼は非常に正直な男で、第二次UWFを旗揚げするときに俺が「前田さん、これからの時代はフロントとレスラーは絶対にダメだよ。社長レスラーは悲劇を生む。社長はフロントから選ぶべきだよ」って言ったらさ、あの人は本当にそうしたんだよね。ペーペーの神さんを社長にしたんですよ。あれは俺の意見なんですよ。

――その体制で革命を起こしましたもんね。

山本　でも本当に前田は孤独な男だなあ。孤独なんだけど逆にやさしいというか。

――あっ、それは思います。根本はとてもやさしい人ですよね。

山本　非常にやさしいんだよねえ。藤波さんや長州さんはどちらかと言えば業界の人独特の泥臭い感じがするから、俺はどうしても心のどこかで敬遠してしまうわけですよ。なんとなく違う人種だなと。そこに目に見えない壁があるわけですよ。だからすんなり溶け込めないわけですよ。でも、その壁が前田にはないんですよぉ。

――前田日明にはマッチョイズムがないですよね。

山本　ない。そういう意味では前田に対してはラクに行けるし、前田も俺に対しては「しかし、ハゲてんな～」とか言ったりさ、あるいはデコピンの連打をやったりとかできるわけですよ（笑）。そういう意味では非常に親しみやすいところがあるわけですよ。

――まあ、異常にデコピンが長く続くとか、そういうときの親しみのスキンシップが過剰なんですけどね。それもやさしいからこそ（笑）。

山本　やさしさというか、気安さというか。ある種の壁が前田にはないんだよね。要するにさ、あの人は業界に染まっていないんですよ。ほかのひとは業界に染まりまくりだから特殊な壁ができるんですよ。

――たしかに。

山本　染まったことによるダメージとか、プラスもマイナスもあるわけじゃないですか。前田にはそれがいっさいないもんね。だから、これは何回もしゃべってるけど、俺の前のカミさんが大阪の実家から家出をするように俺のところに来たじゃない。それで俺は彼女のお父さんやお母さんとも仲が良かったので、この状況をどう説明していいかわからなかったんよ。「困ったなあ……」と思って、UWFの道場に行って前田に相談したんよ。

――どこに相談しに行ってんだよ（笑）。

山本　それで前田に話したら、「そんなもん、すぐ解決するよ。子どもを作りゃいいんだよ」って。で、その前田のアドバイスが活きたんですよ！　それから俺はせっせと励んだもんなあ（笑）。

――気安いなあ。じゃあ、お互いに助言を聞いていたわけですね。マブダチじゃないですか（笑）。

山本　いやいや、本当にそうなんですよ。前田と俺はツーカーなんですよ（笑）。普通はそんなことにアドバイスなんかしないじゃないですか。だけどパッと答えを出してくれるんだよね。だから我々は昭和、平成、令和と、この3つの時代を生き延びてきてるわけじゃないですか。藤波さんは生涯いちレスラーとしてずっとリングに上がってると。長州さんは「プロレスのことはもう語らせるな」と別世界に行ってカネ儲けしてると。でも前田は「前田日明」という価値だけで生きてるもんね。

「プロとして、いがみ合っていた人間は永久にいがみ合っていてほしいんだよ！」

――たしかに「プロレスと私」で生きてないですよね。

山本　前田は前田なんだというところで生きてるんですよ。だからレアケースだよね。

――普段もプロレスのことなんて考えていないでしょうけど、でもパッとプロレスについて振られたら1秒で答えられるっていう。

山本　それはなんでかって言ったら、超、超、超、超、負けず嫌いだからですよ。その負けず嫌いがいい反応を起こすんだよね。べつにね、前田にプロレスの話なんて振らなくていいわけですよ。寝た子を起こす形になるわけですよ。本当はそのまま寝かしときゃいいんですよ。でもファンからすると前田の言葉を聞きたいから、俺たちは寝てる子を起こさなきゃいけないと。それでみんな前田のところに行くわけですよ。だから宍倉次長や安西伸一のふたりなんかは前田のことを凄く恐れていたけど、それが俺は不思議なんだよね。

――あれは直接的に何かあったんでしたっけ？

山本　まあ、次長の場合はパンクラス側に付いたから。

――でも、その前から反前田だったからパンクラスに付いたんじゃなかったでしたっけ？

山本　じゃないんです。パンクラス側に付いたのがきっかけですよ。それと安西の場合はよく知らないんだけど、前田からなんか怒られたみたいだよね。前田から個人的にガーッと言われた人はほかにもいっぱいいるでしょ。あんなやさしい人はいないのにね。

――山本さんはガッと懐に入って恋愛相談をしますからね。でも前田さんは、山本さんと会うとピュアvsピュアになりますよね。

山本　もうお互いに何事もなかったかのような、お互いに何もかもわかったような感じで会えるんですよぉ。

――どっちがよりピュアかを競っているかのような感じもあるし。

山本　でもね、いまって昭和の人たちは全部和解に向かっていくじゃない。すべてを肯定するほうにすり替えてるんだよね。カール・ゴッチさんの納骨式のときに、猪木さん、藤原、前田の3人が並んでにこやかにしている写真があるでしょ。

――あれはいい写真ですよ。

山本　もう、あの世界になっちゃっているわけですよ。俺からすればそれは残念というか。過去にいがみ合っていた人間は、ずっといがみ合っていてほしいという気持ちがあるんだよね。

――まあ、あれは天国の絵ですよね。「それは天国でやっててくれ」っていう？

山本　そうそう。俺にしたら、なんであのとき3人ともニコニコ笑って、非常に平和な、おだやかな感じになって、柔和してるんだっていう。それがちょっと残念だったというか。みなさんはそれを絶賛したけれど、俺としてはいがみ合っていた人間は、プロとして永久にいがみ合っていてほしいんだよね。

――デヴィ夫人が80歳の誕生日に「私は100歳まで健康に生きようと思います。私の敵がすべて死ぬまで生きます」って言ってたのは凄かったですね（笑）。

山本　それは俺もまったく一緒で、まあ、敵だとは思っていないけども、俺の生き方は長州力よりも長生きすることですよ。つまり俺はデヴィイズムの継承者ですよ！

ターザン山本！（たーざん・やまもと）1946年4月26日生まれ、山口県岩国市出身。ライター。元『週刊プロレス』編集長。立命館大学を中退後、映写技師を経て新大阪新聞社に入社して『週刊ファイト』で記者を務める。その後、ベースボール・マガジン社に移籍。1987年に『週刊プロレス』の編集長に就任し、"活字プロレス""密航"などの流行語を生み、週プロを公称40万部という怪物メディアへと成長させた。

入稿中は糖質を抑えると、集中力が増して、あまり疲れない気がし〼（編集部の感想）。

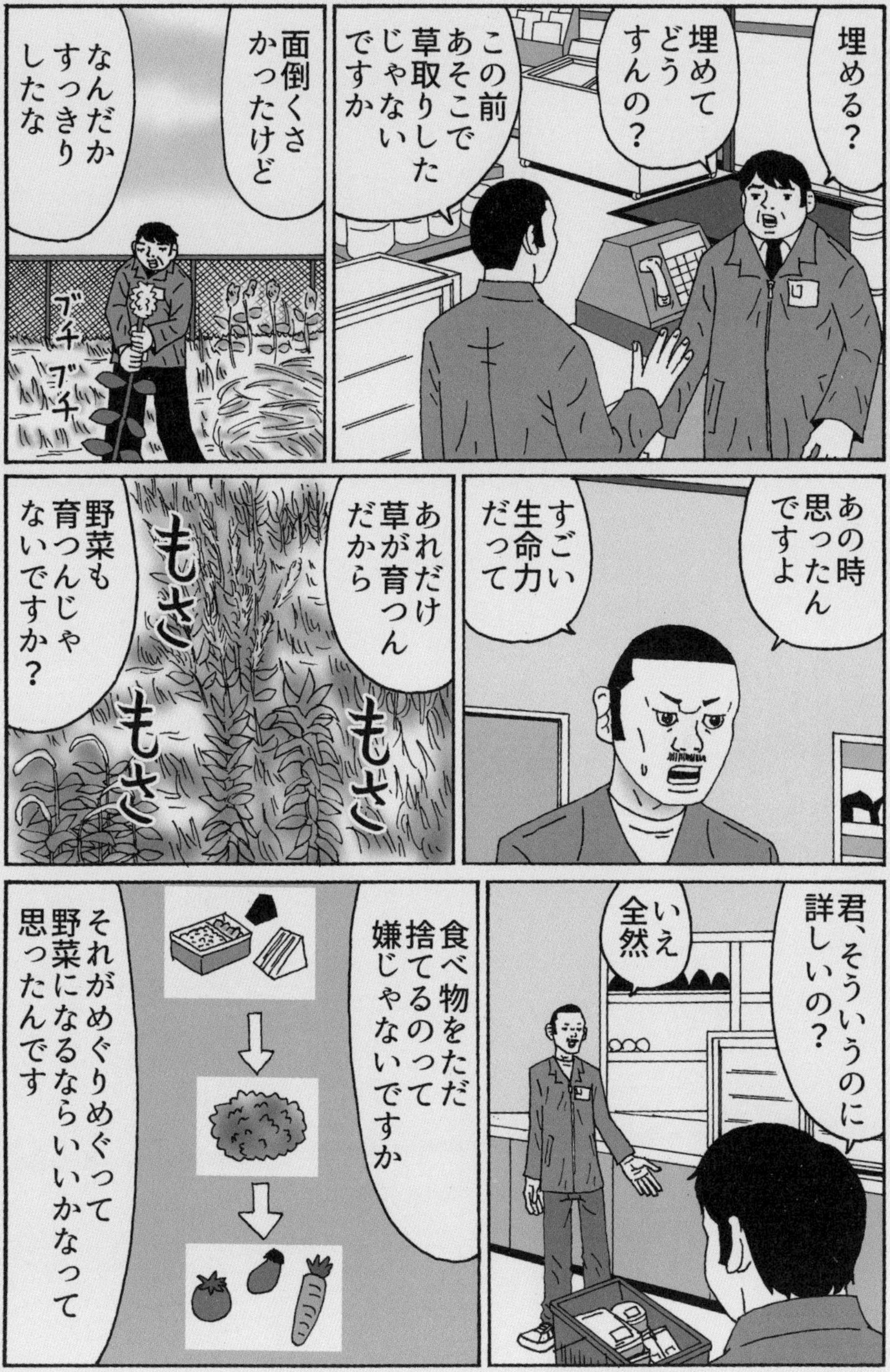
埋める？
埋めてどうすんの？
この前あそこで草取りしたじゃないですか
面倒くさかったけど
なんだかすっきりしたな
ブチブチ
あの時思ったんですよ
すごい生命力だって
あれだけ草が育つんだから
野菜も育つんじゃないですか？
もさもさ
君、そういうのに詳しいの？
いえ全然
食べ物をただ捨てるのって嫌じゃないですか
それがめぐりめぐって野菜になるならいいかなって思ったんです

はっきり分かりました
今フードロスの問題と草取りが一つになったんですよ
おお
ダイソーの入口に
野菜の種売ってるじゃないですか
2個100円
あれまいてみませんか
野菜の種って百円なのか
そうなんですよ
だから裏に食べ物を埋めてみましょう
ぐっ
埋めるだけでいいのかな
ミミズが食べて肥料になるんじゃないですかね
ミミズなんているかな
まあちょっと掘ってみましょう

ザク
ザク
うーん
ミミズいないなー
やたらと石ばっかりですね
やっぱ
ここはただの荒地だよ
まあでも土に埋めれば肥料になるんじゃないですかね
ちょっと待ってくれ
ロイヤルかつ丼はオレが食べる
フルーツサンドも
……
つづく

KENICHI ITO

涙枯れるまで泣くほうがEマイナー

VOL.36

完全版・最強プロレスラーランキング

伊藤健一

（いとう・けんいち）
1975年11月9日生まれ、東京都港区出身。格闘家、さらに企業家としての顔を持つため“闘うIT社長”と呼ばれている。ターザン山本！信奉者であり、UWF研究家でもある。

最近、私は怪我の手術をしたので練習ができていない。しかし格闘技を研究することは生活の一部であるので、身体が動けない分、さらに研究に勤しんでいる。

そこで突然だが、プロレスファンの永遠の問い、「最強プロレスラーランキング」を決めたので発表したいと思う。

動画、書籍、関係者への聞き込み、本人への接触など、できる限り調査した。

プロレスの体系上、打撃を評価するのは不可能なので、現在、世界一の組み技大会ADCC（昔のアブダビコンバット）ルールでという想定にする。対象は『KAMINOGE』読者層を考慮して、第二次UWF（1991年解散）までの選手にしてそれぞれの全盛期を想定し、当時はそういう技術や発想はなかったという言い訳はなし。柔術黒帯であり、グラップリングの年齢別世界王者である私が客観的に分析する。

まずは、第1位は長州力だ。長州の凄さは組み手（簡単に言うと手で相手を崩す技術）にあり、その組み手の制空圏に入ったら嵐の中にいるようなものであり、まともに立つことさえもできない。ガブリという相手をグラウンドで制圧する技術も優れているので、組み手で相手を崩して、ガブってバックを取る動きで無限ループされる。

長州を倒すには、下にさせるか、バックを取ることしかないが、「ヒクソンからもバックを取られない自信がある」と言うほど、防御も優れており、実際に私の練習仲間も長州とスパーリングしたことがあり、「タックルを防ぐ技術が凄い」と言っていた。万が一バックを取れても、冷蔵庫のような体型なのでコントロールするのは困難。以前、ADCCを高田延彦に説明したときに「そのルールなら長州力はダントツに強いわ」と証言していたし、お米（賞金）に対する執念も凄いので、ADCCに出てほしいプロレスラーナンバーワンである。

第2位は坂口征二。その怪力と体格で、長州を捻じ伏せることができる可能性がある。関節技の防御も上手く、日本人離れしたあの巨体に関節を極めることは困難。ただし柔道出身だからか腰高で、長州と違ってタックルができないので2位になった。
第3位は谷津嘉章である。今回初めて、谷津のアマレス時代の動画を観たのだが、組み手も非常に上手く、谷津なら長州の組み手に対抗できる。上体を崩してからの片足タックルも上手く、重量級であんなにスムーズにタックルできる選手はなかなかいないだろう。

第4位、武藤敬司。柔軟な股関節で、下からの関節技を器用にこなし、その運動神経で上からの腕十字が得意と、所英男的なスタイルをあのサイズでできる。小手投げなど裸での投げも上手い。「これで負けたらしゃあねえや」と、割り切った闘い方ができそうなので、ハマれば勝ち上がれるかも。

第5位、ジャンボ鶴田。大学卒業後、全日本プロレスに就職せず、次の五輪まで目指していたら圧倒的にトップになっていた可能性のある逸材。握力が凄いらしいので、アマレスだと反則になるが、長州の手首をずっと掴んで、動きを止められるかも。しかしアマレス歴2年くらいでは、トップレベルのフィジカルとテクニックを身につけることは不可能だし、プロレスだと、王道スタイルでリングの真ん中を陣取り、自分のペースで試合を作れるが、劣勢になったときにそのスタミナが続くのかも疑問。

第6位、藤原喜明。手足が細くて長い、青木真也のような理想のグラップラー体型で、ある程度正確な関節技ができて、意外とタックルも上手い。しかしトップにはそのタックルは通用しないので、下からの攻撃のみになってしまうのでこの順位となった。

第7位、アントニオ猪木。組長以上に理想のグラップラー体型を持つが、壊滅的にタックルができないので、私もつらいが、この順位になった。誰も意見を言えないので、インタビューなどでは机上の空論も多く、得意のアキレス腱固めはいつも極めるポイントがズレており、ただの筋肉潰しになって、実戦では相手はタップしないだろう。勝つチャンスがあるとすれば、相手にバックを取らせてアームロックを取ることか。

第8位、髙田延彦。競技経験はないが、その身体能力は、競技経験者を一部では上回ることができる。意外にも手堅く闘うタイプで、凡ミスもしないし、真面目にコツコツ練習できるので、もしかしたら最終的に強くなってるのは髙田かもしれない。

できる限りオープンマインドで分析したら、この順位になった。異論がある方は『KAMINOGE』編集部までご連絡を!!

マッスル坂井と真夜中のテレフォンで。

11/10

MUSCLE SAKAI DEEPNIGHT TELEPHONE

「本来なら東京や関西、はたまた世界を舞台に不良としてひと花咲かせたかった。芸能界や東京のショービジネスの世界で成功する可能性が高かった。だけどずっと新潟に留まっていて、もの凄くバイオレンスに生き、やがて新潟の夜の街に稀代の女不良が誕生した。なぜだと思います……？」

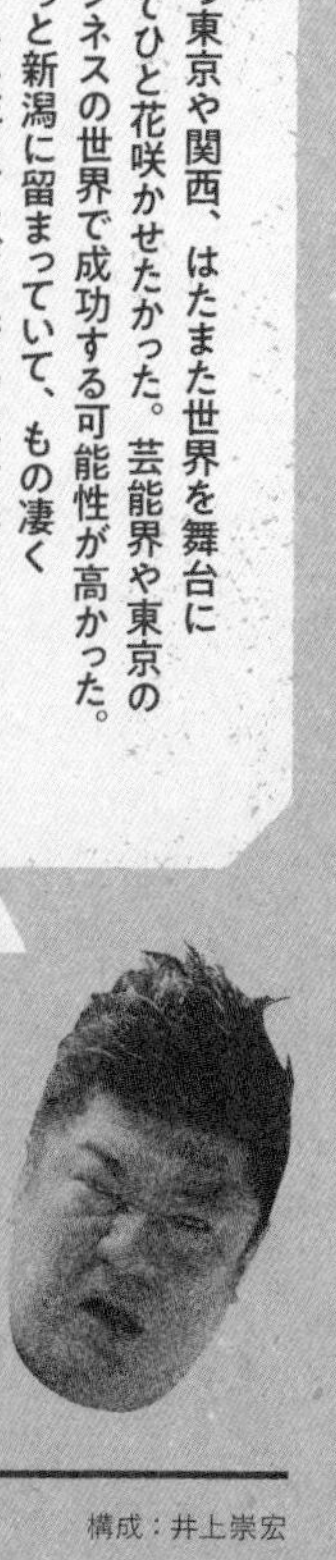

「うれしい！ 楽しい！ レディ・C！ これ、いつか口に出して言おうと思っていたんですよ」

——あれ、ちょっと電波が不安定じゃないですか？

坂井 あのね！ じつはいま運転中で、関越自動車道の長岡インターのあたりを過ぎたところですね！ つまり東京に向かっております！

——お車で新潟から東京へ。

坂井 330キロ！ ハンズフリー！ どこにマイクがあるのかわからないからクルマのどこに向かってしゃべっていいのか全然わからない！ これ、マジでマイクはどこにあるんだよ!?

——たまに見かける、クルマの中でひとりでブツブツ言ってるヤバいヤツか（笑）。

坂井 それです！ でもクルマの中で歌ってる人とかいっぱい見かけるでしょ！

——あと、すげえ爆笑してるヤツとか。たぶん、あれはラジオか何かを聴いてるんだろうな。

坂井 うしろに乗っけてる子どもとしゃべってるパターンもあるだろうし！

——ひとりでクルマの中ってめっちゃ自由空間ですもんね。

坂井 自由！ 俺もいま、だいぶ声がデカめだし！

——そうそう、ちょっと普通にしゃべってもらってもいいですか？

坂井 マイクの居場所さえわかれば、声のデカさもなんとか調整可能なんですけどねえ。

構成：井上崇宏

――ちなみに私、クルマを運転中に卑わいな単語とかをめっちゃ大声で連呼したりしてますよ。

坂井　えーっ！　それ、私もまったく同じことをやっておりますよ！　普段は言っちゃいけないような、男性器とか女性器の名称を連呼してますよ。連呼というか「チンコ！」とか「マンコ！」とか言いまくります。

――レンコというかマンコ。だから私も普段それを言うのがすっかりクセになっちゃってるから、何年か前に岡山の実家に帰ったとき大変だったんですよ。親父が「香川にうどんを食いに行くか」と言うので「えっ、行きたい！」となって、俺は助手席に乗って親父の運転するクルマで香川に向かったんですよ。そうしたら瀬戸大橋を渡っていて、橋の真ん中くらいのときに発作が起きちゃって。「あ、あれ言いたい……」って（笑）。

坂井　言いたくなっちゃった。しょうがないよ、それは。それで？

――それで左腕で口を押さえて、親父に聞こえないように「ぐっ！　オマンコ！　オマンコ！」って（笑）。

坂井　バカじゃないの（笑）。

――あれは瀬戸大橋に乗っちゃったらしばらく降りられないという、そのプレッシャーからだったんだろうな。

坂井　でも新幹線とか飛行機には普通に乗れるでしょ？

――乗れますよ。だからクルマ限定なのかな。

坂井　あのね、それと関係があるようでないような素敵な話があるんですけど、これはつい最近聞いた話で、新潟にね、街中でしか見かけたことがないけど有名な、これは雑誌なんで伏せ字にしてほしいんですけど、有名な女〇〇〇がいるんですよ。

――ほうほう。

坂井　キャバクラとかナイトクラブみたいな夜のお店などを経営している女性の〇〇〇みたいな方がいて、歳は50代とかなんですけど、お金があるから美容とかファッションにも気をつかわれていて、とにかくいつも派手な格好をしてマッチョな男性を何人もはべらせながら街を闊歩してるんです。いまはだいぶ落ち着かれているとのことなんですけど、ちょっと前まではやることなすことがもの凄くバイオレンスだったと。なぜ、そんな稀代の女不良が新潟に誕生したのかって気になるじゃないですか？

――うん、まあ、気になるかな（笑）。

坂井　めっちゃ気になるじゃないですか。それがわりとシンプルな理由らしくて、その方は新幹線や飛行機とかでの長距離移動が無理なんですって。移動中じっとしていられないというか、体内で何かしらの不調が起きて耐えられないんですって。クルマでも長距離移動は無理らしくて、本来なら東京や関西、はたまた世界を舞台に不良としてひと花咲かせたかった。そういう人は芸能界や東京のショービジネスの世界とかでも成功する可能性が高いじゃないですか。だけどもう新潟の夜の世界しか思いっきりフルスイングできる場所がないから、そうしたら稀代の極悪人が新潟に誕生したっていう。

――移動に難ありという理由で新潟に留まっちゃったんだね。

坂井　だから移動するにしても、ちょっとずつしか方法がないんですよ（笑）。

――まずは長岡まで、とか（笑）。

坂井　そうそう。三条、長岡、越後湯沢とね。

――いや、そんなふうにちょっとずつ移動すればよかったのでは？（笑）。

坂井　でも途中で死んだらアウトじゃない

ですか。いつ不調が起きるかわからないから。

――活魚の長距離輸送みたいだな（笑）。

坂井　だから移動できるってありがたいことですよね。卑猥な言葉を車中で連発するくらいでちゃんと自分で運転して東京に行けるんだったらね、幸せ者ですよ。

――ねえ、ちょっといま卑猥な言葉を言ってみてよ。

坂井　え、マジで……。うれしい！　楽しい！　レディ・C！　これで十分ですか？

――ワハハハハ！　それはべつに卑猥じゃないけど、ひとりじゃないと言いづらいかもね（笑）。

坂井　俺もいま初めて口に出して言ったんだけど（笑）。ちょうどこのあいだ、インスタでレディ・Cさんにフォロバしていただきまして、いつかどこかで口に出して言おうと思っていたんですよ。ちょうど背中を押していただき、ありがとうございました。

「長距離移動が大丈夫なら全然巡業も行けたじゃん！　プロレスラー・一ノ瀬ワタルも見てみたかった！」

――いえいえ、とんでもないです。

坂井　次の表紙は誰なんですか？

――一ノ瀬ワタルさんです。

坂井　なるほど！『サンクチュアリ』！　へえー！

――いろんな話を聞いてきたんですけど、やっぱ『サンクチュアリ』のときは役の猿桜に没頭しすぎて、もうわけがわからなくなったと。普段の生活から何から猿桜になりきっていたから。

坂井　だけど撮影中は、まわりは猿桜だって誰も知らないもんね。まだ公開してないから。

――だから誰とも口をきかなかったんだって。撮影現場でもほぼ誰ともしゃべらずに監督さんと二人三脚で役作りをして。それでもう自分が役者だとか、演じてるっていう意識がなくて完全に力士になってたんですって。で、それって私のまわりでよく聞く「境界性アングル障害」というやつのひどいやつなんじゃないかと思ったんですけど。

坂井　そうですね。だって、マジで本物の相撲取りにしか見えなかったし、しかもただの相撲取りじゃなくて、めちゃめちゃいい相撲取りですよ。でも幕下のまま終わる相撲のドラマって初めてですよね。

――で、坂井さんもプロレスラーじゃないですか。

坂井　いちおうね。

――たとえば会社で金型を作ってる時間に「あれ!?　いま俺は坂井良宏じゃなくてスーパー・ササダンゴ・マシンになってないか？」ってふと我に返るときとかってあるんですか？

坂井　それはええっとですね、マシニングセンターとかに工作機械の油を定期的に入れ替えなきゃいけないんですけど、20リットルくらいのでっかいバケツをふたつ持って工場内を歩くわけですよね。私はそれをダンベルのようにカールしながら移動してるときがあります。そういうときは「俺は言うても〝ちからびと〟なんだな」って思う。

――なんかそれじゃない気がする、俺が聞きたかったのは（笑）。

坂井　アッハッハッハ！　あるいは金型のデッキを覗き込むときに、仕上げスペースのテーブルに手をついてそのまま腕立て伏せをしてしまうときもあります。

――いやいや、そういうのはただ運動不足を実感してるってことでしょ（笑）。

坂井　いや、どちらかと言うと逆です。むしろジムでもずっと会社の生産計画を見ているときのほうが最近は多いです。トレーニング中に金型のことを考えてるんですよ。

——だから、それは単に忙しい人の話だよ（笑）。

坂井　あれ？（笑）。一ノ瀬ワタルさんは『サンクチュアリ』の制作中って、週4、5回は撮影現場にいたわけですか？

——撮影スケジュールはわからないけど、相撲の稽古は毎日していたらしいです。

坂井　あー、そうだ。たしかそれをやるのが役の条件だったんだよね。凄いですよね。体重も何十キロも増量したり、毎日相撲の稽古をしたり。あれは一ノ瀬ワタルさんしかできなかったと思いますよ。当然、体格のいい芸人さんとか、もしかしたらプロレスラーとかもキャスティング候補に挙がっていたかもしれないけど、あんなの誰もこなせないですよ。

——それでね、おそろしく心がピュアでした。あれはマジですね。素だな。

坂井　なるほど。いま、あれだけテレビに出てるってことは、そういう一緒に仕事をしたくなるような素敵な人柄なんでしょうね。ちなみにあの人はブレーンバスターの使い手です。喧嘩のシーンとかで繰り出します。

——K-1が好きで、K-1に出たくてキックを始めたんだけど、もともとは中学まで柔道をやっていて、高校は中退するんだけどレスリング部にいたんですって。それでレスリング部の監督に「おまえ、将来どうするんだ？」ってことを聞かれて「K-1に出たいんです」って言ったら、「いや、おまえは新日だよ」って（笑）。

坂井　うそっ!?　レスリング部の先生に言われたの？

——「俺が話をつけてやるから新日に行け」って言われたって。

坂井　でもすぐに高校を辞めたから、アマレス経験がプロフィールには載っていないんだね。身長はどれくらいなんですか？

——たしか178かな。

坂井　全然プロレスもできるよ！

——できる。いや、かなりデカいよ。性格的に自分を追い詰めて、突き詰めるタイプだから、いいプロレスラーになったのかも。

坂井　はあー。『サンクチュアリ』ってデカいヤツがいっぱいいましたよね。

——元力士もいて。

坂井　『サンクチュアリ2』ってやらないんですかね？

——一ノ瀬さんは「猿桜を完結させたい」って言ってました。

坂井　じゃあ、絶対にやらないとだ。でもそうなったら、またいまの状態から身体作りを始めて、力士と同じ生活と稽古をして、自分が本物の力士かのようになっちゃうわけでしょ。過酷だなあ。

——それでも演りたいっていうのが凄いよね。

坂井　でも、もし2があるとしたら、また岸谷五朗さんも出ますかね？　俺はあの貴乃花みたいな、別の部屋の親方役の岸谷五朗さんが観ていていちばん怖かったですよ。あの恐怖もまた味わいたいです。ちなみに一ノ瀬さんは長距離移動は大丈夫なんですか？

——知らないけど、たぶん大丈夫じゃないかな？

坂井　じゃあ、巡業も全然行けたじゃん！　あー、プロレスラー・一ノ瀬ワタルも見てみたかったなー！

№144 KAMINOGE

次号 KAMINOGE145 は
2024 年 1 月 5 日（金）発売予定!

The Lenne Hardt Jazz Cabaret Bandの
ボーカルを務めるレニー・ハートさん。

2023 年 12 月 13 日
初版第 1 刷発行

発行人
後尾和男

制作
玄文社

編集
有限会社ペールワンズ
（『KAMINOGE』編集部）
〒 154-0011
東京都世田谷区上馬 1-33-3
KAMIUMA PLACE 106

WRITE AND WRITE
井上崇宏
堀江ガンツ

編集協力
佐藤篤
小松伸太郎
村上陽子

デザイン
高梨仁史

表紙デザイン
井口弘史

カメラマン
タイコウクニヨシ
小松陽祐
橋詰大地

編者
KAMINOGE 編集部

発行所
玄文社
［本社］
〒 107-0052
東京都港区高輪 4-8-11-306
［事業所］
東京都新宿区水道町 2-15
新灯ビル
TEL:03-5206-4010
FAX:03-5206-4011

印刷・製本
新灯印刷株式会社

本文用紙：
OK アドニスラフ　W A/T 46.5kg